国際源泉のしくみと税務調査のポイントがわかる本

まずは最初にこの1冊

税理士
舟田 浩幸

税務経理協会

はしがき

ここ数年，急速に経済の国際化が進んでいます。その結果，国際課税の分野がこれまで以上に重要性を増してきています。国際源泉も例外ではありません。国税庁が毎年発表している「法人税等の調査事績の概要」によると毎年多額の国際源泉に係る源泉徴収もれが指摘されていることがわかります。税務調査で指摘される国際源泉に関する源泉徴収もれの多くは，支払った所得が源泉徴収の対象であることを知らなかった，あるいは，法令の読み方がわからなかったという理由によるものです。筆者は，「あと，ほんの少しの知識があれば源泉徴収もれにならなかったのに」という事例を多く見てきました。本書を活用し，このような源泉徴収もれの指摘を受けないようにしていただければと思います。

本書は，初めて国際源泉に携わる方に国際源泉の全体像と注意すべき点が理解できるようにするとともに，一通りの知識をお持ちの方でも誤りやすい項目をわかりやすく説明しています。国際源泉の全体像の把握と重要な箇所がどこかをわかりやすくするために，一律に詳細な説明をするのではなく，ポイントを絞って説明しています。

国際源泉の実務を担当する方は，多くの場合，経理（総務等）担当と人事担当に分かれています。人事に関しては，他の国際源泉と注意すべき項目が異なります。さらに，日本人従業員が海外勤務となった場合に支払う給与と来日した外国人に給与を支払う場合でも注意すべき点が異なります。そこで，本書では，人事担当の方が活用しやすいように，第４章に海外勤務者，第５章を来日外国人として説明すると共に，第６章も事例14から事例25を人事担当の方向けとしています。

本書は，国際源泉の実務にあたって，注意すべき事項を簡潔にまとめていますので，基本的な事項は本書で解決できることと思います。しかし，本書で全ての事項を網羅していません。また，法令，通達，条約の改正が改正されることもあります。そのため，実際の実務での処理にあたっては，最新の法令，通達，条約を参照していただくようお願いいたします。特に条約はここ数年，毎年多くの新規締結又は改正が行われていますので注意してください。

また，事実認定や法令，条約解釈の難しい事案の場合は本書では解決できないかもしれません。その時は，税務署，税理士等の専門家に相談することをおすすめ致します。

令和２年３月

税理士　**舟田　浩幸**

目　　次

CHAPTER 2 国内法の規定

CHAPTER 3 租税条約の規定

CHAPTER 5 来日外国人に関する源泉国際課税

凡例

1　国内法

所法…………………………所得税法

所令…………………………所得税法施行令

所基通………………………所得税基本通達

法法…………………………法人税法

措法…………………………租税特別措置法

復興財確法…………………東日本大震災からの復興のための施策を実施するために必要な財源の確保に関する特別措置法

実特法………………………租税条約等の実施に伴う所得税法、法人税法及び地方税の特例等に関する法律

実特法省令…………………租税条約等の実施に伴う所得税法、法人税法及び地方税の特例等に関する法律の施行に関する省令

労働施策総合推進法……労働施策の総合的な推進並びに労働者の雇用の安定及び職業生活の充実等に関する法律

出入国管理法………………出入国管理及び難民認定法

2　租税条約

租税条約で使用している略称（日○租税条約）の正式名称は、「所得に対する（注）租税に関する二重課税の回避及び脱税の防止のための日本国政府と①相手国との間の②　条約又は協定」の①相手国、②条約又は協定欄に次表に記載した租税条約の略称に応じた用語を挿入したものとなります。

例えば、日アイルランド租税条約は、「所得に対する租税に関する二重課税の回避及び脱税の防止のための日本国政府とアイルランドとの間の条約」が正式名称になります。

略称	①相手国	②条約・協定
日アイルランド租税条約	アイルランド	条約
日米租税条約	アメリカ合衆国政府	条約
日英租税条約（注）	グレートブリテン及び北アイルランド連合王国	条約
日イスラエル租税条約	イスラエル国	条約
日伊租税条約	イタリア共和国	条約
日印租税条約	インド共和国政府	条約
日インドネシア租税条約	インドネシア共和国	協定
日豪租税条約	オーストラリア	条約
日加租税条約	カナダ政府	条約
日韓租税条約	大韓民国	条約
日シンガポール租税条約	シンガポール共和国政府	協定
日タイ租税条約	タイ	条約
日中租税条約	中華人民共和国政府	協定
日独租税条約	ドイツ連邦共和国	協定
日パキスタン租税条約	パキスタン・イスラム共和国	条約
日仏租税条約	フランス共和国政府	条約
日ベトナム租税条約	ヴィエトナム社会主義共和国政府	協定

（注）日英租税条約は、「所得に対する」が「所得及び譲渡収益に対する」となります。

CHAPTER 1

非居住者・外国法人に対する源泉徴収の概要

1 本書について

1　経済のグローバル化と源泉国際課税

経済のグローバル化に伴い，海外に居住している個人や海外の企業に支払いをする機会が増加しています。このような国際取引に関して発生する支払いについても源泉徴収が必要な場合があります。国際取引についての源泉徴収を対象としているのが源泉国際課税ですが，現在ではグローバル企業だけでなく，取引の全てが国内で完結している企業も源泉国際課税と無関係ではいられなくなっています。

近年，外国人が日本の不動産を所有するケースが増加し，事務所を借りた場合に貸主が非居住者や外国法人だったというケースもあります。その場合，賃借料の支払いの際に20.42%（注）の税率で源泉徴収が必要になります。

また，多くのところで外国人が働いているのを見かけるようになりました。外国人に給与を支払う際には，居住者又は非居住者の区分に応じた源泉徴収をする必要があります。さらに，留学生の場合には条件によって租税条約の適用により源泉所得税が免除される場合もありますが，留学生の出身国によって免税となるか否かや，免税となる範囲も異なりますので，適用を誤ると源泉徴収もれとなることもあります。

本書は，このように，どのような企業であっても無関係ではいられなくなった源泉国際課税をできるだけわかりやすく説明しています。

（注）所得税及び復興特別所得税の税率です。以下，国内法の税率は所得税と復興特別所得税を合わせた合計税率を表示します。

2　本書の構成について

源泉国際課税は，同じ支払いをしていても，支払先の国が異なるだけで源泉徴収の要否が変わることもあり，非常にわかりにくい分野です。

その中でも特に間違いやすい項目というのがあります。本書を読んでいただければ，どのような支払いに気を付ければよいかがわかるようになることと思います。「この支払いには源泉徴収が必要かもしれない」と気が付くことが源泉国際課税の実務では重要です。

本書の構成は，次のとおりとなっています。

第１章で源泉国際課税の全体像を説明し，第２章で国内法の規定，第３章で租税条約の規定を説明しています。第４章，第５章は，主に人事部が担当する従業員，役員に対する源泉国際課税を海外勤務者，来日外国人別に説明しています。

第６章では，第１章から第５章で説明できなかった項目を含めて，特に誤りの多い事例を厳選して掲載しています。

図表1-1｜本書の構成

	内　容	説　明
第1章	源泉国際課税の概要	源泉国際課税の全体像をできるだけわかりやすく説明しています。
第2章	国内法の規定	国内法での源泉徴収が必要な場合を説明しています。 実際の支払いが，ここに当てはまれば，国内法では源泉徴収が必要となります（第3章の租税条約で取扱いが変わることがあります）。
第3章	租税条約の規定	租税条約を読むのにはコツがあります。ほんのちょっとの知識と工夫で読みやすくなります。また，慣れも必要です。 本章と第6章で，できるだけ多くの租税条約の条文を読みやすい形で掲載しましたので，本書を読み終わった頃には租税条約が読みやすくなることと思います。
第4章	海外勤務者に関する源泉国際課税	従業員や役員が海外勤務のために出国した場合，海外勤務の期間や従業員と役員の違いで取扱いが異なります。出国から帰国後まで，特に誤りやすい項目を説明しています。
第5章	来日外国人に関する源泉国際課税	海外から来日する外国人は年々増加しています。国内法と異なる取扱いをしている租税条約の規定を説明しています。
第6章	誤りの多い事例	25事例で少ないようですが，厳選して掲載しましたので，実務で問題となる多くの部分をカバーしています。 事例は，条件が少しでも違えば結論が変わることがあります。また，租税条約の相手国が異なるだけで，結論が全く変わることがありますので注意してください。

2 納税義務者の区分と課税所得の範囲

1　納税義務者の区分と源泉国際課税

所得税法及び法人税法では，納税義務者について，個人を居住者と非居住者，法人を内国法人と外国法人に区分し，区分に応じた課税所得の範囲を定めています。源泉国際課税が主に対象とする支払先は，非居住者又は外国法人ですが，その課税所得の範囲及び源泉徴収が必要な所得の種類や税率等は，居住者や内国法人とは異なります。

2　個人の納税義務者の区分と課税所得の範囲

所得税法では，個人の納税義務者を居住者と非居住者に区分し，区分に応じた課税所得の範囲を定めています（所法２①三・五，５①②，７①一・三，161①，164）。

図表1-2｜個人の納税義務者の区分と課税所得の範囲

納税義務者の区分	定　　義	課税所得の範囲
居住者	国内に住所を有し，又は現在まで引き続いて１年以上居所を有する個人	全ての所得（注）
非居住者	居住者以外の個人	国内源泉所得（所法164の区分に応じて所法161①に掲げるもの）

（注）居住者のうち，日本の国籍がなく，かつ，過去10年以内の間に国内に住所又は居所を有していた期間の合計が５年以下である個人は非永住者と定義されています（所法２①四）。非永住者は，居住者の課税所得（全ての所得）うち，国外で支払われた国外源泉所得で日本に送金されていないものが課税所得の範囲から除かれてい

ます（所法７①二）。居住者が非永住者に該当するか否かは，課税の対象となる所得の範囲が異なりますので本人にとっては重要ですが，源泉徴収の対象となる所得及び税率は非永住者も非永住者以外の居住者と同じですから，源泉国際課税の実務では両者を区別することなく居住者として取り扱っています。

3　法人の納税義務者の区分と課税所得の範囲

所得税法及び法人税法では，法人を内国法人と外国法人に区分し，区分に応じた課税所得の範囲を定めています（所法２①六・七，７①四・五，178，法法２三・四，４①③，５，９①，138①，141）。

図表1-3｜法人の納税義務者の区分と課税所得の範囲

納税義務者の区分	定　義	課税所得の範囲
内国法人	国内に本店又は主たる事務所を有する法人	全ての所得
外国法人	内国法人以外の法人	国内源泉所得（法法141の区分に応じて法法138①に掲げるもの及び所法161①四から十一，十三から十六に掲げるもの）

4　居住者・内国法人の課税対象となる所得

居住者又は内国法人の課税所得の範囲は全ての所得です。全ての所得が課税対象とは，世界のどこで得た所得でも日本で課税されるということです。これを全世界所得課税ともいいます。内国法人も居住者と同様，全ての所得が課税されます。

5　非居住者・外国法人の課税対象となる所得

非居住者は，所得税法第161条第１項で規定された国内源泉所得，外国法人は，法人税法第138条第１項及び所得税法第161条第１項第４号から11号，

13号から16号で規定された国内源泉所得が日本で課税対象となります。

例えば，A国の居住者（日本では非居住者）は，A国内で発生した所得について日本では課税されませんが，国内源泉所得については日本でも課税されます。A国で設立された外国法人も同様の取扱いです。

図表1-4｜居住者・内国法人の課税所得の範囲

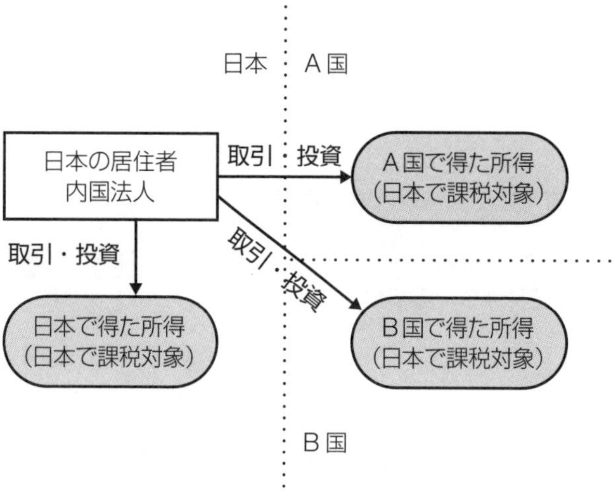

図表1-5｜非居住者・外国法人の課税所得の範囲

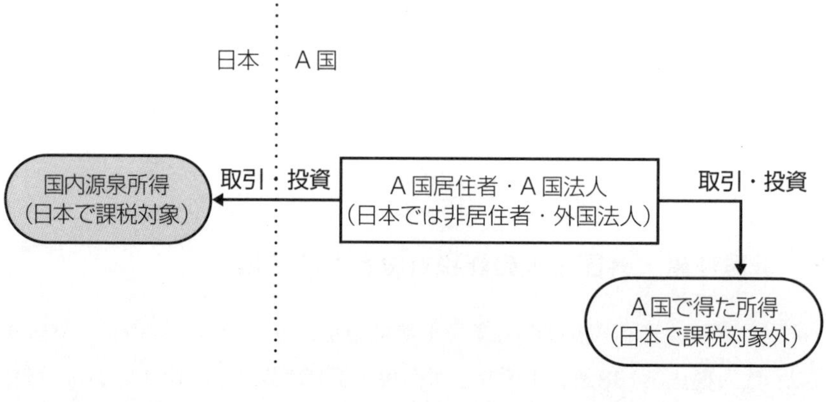

3　非居住者・外国法人に対する課税関係

1　非居住者等が日本で所得を得る形態

非居住者・外国法人（以下これらを総称して「非居住者等」という）が日本で所得を得るには，①日本に支店等の拠点を構えて，その日本支店を通して取引・投資等を行う，②日本に支店等の拠点を構えずに海外の本店等から直接取引・投資等を行う，の２形態があります。さらに，③日本に支店等の拠点があっても，取引の内容によっては，日本の支店等を通さず，海外の本店等から直接取引をする場合もあります。

このような支店を恒久的施設といい，上記①の形態で稼得する所得を「恒久的施設に帰せられるべき所得」（所法161①一，法法138①一，以下「恒久的施設帰属所得」という）といいます。

2　非居住者の形態に応じた課税所得の範囲と課税方法

非居住者等に対しては，所得税法第161第１項又は，法人税法第138条第１項に規定された国内源泉所得に対して課税されますが，全ての非居住者等が同様に課税されるのではなく，上記１に記載した非居住者等の形態に応じて課税所得の範囲及びその課税方法が定められています（所法164，法法141）。

課税方法には，①確定申告，②源泉徴収，③源泉徴収の上確定申告があります。確定申告は，非居住者の場合は総合課税，外国法人の場合は法人税の確定申告になります。

図表1-6｜非居住者に対する課税関係の概要

<table>
<tr><th rowspan="2" colspan="2">非居住者の区分（所法164①）
所得の種類（所法161①）</th><th colspan="2">恒久的施設を有する者</th><th rowspan="2">③恒久的施設を有しない者（所法164①二，②二）</th><th rowspan="2">源泉徴収税率（212①213①，復興財確法28①，②）</th></tr>
<tr><th>①恒久的施設帰属所得（所法164一イ）</th><th>②その他の国内源泉所得（所法164①一ロ，②一）</th></tr>
<tr><td colspan="2">（事業所得）</td><td rowspan="3">確定申告（総合課税）</td><td colspan="2">課税対象外</td><td>無</td></tr>
<tr><td>1</td><td>資産の運用・保有により生ずる所得</td><td colspan="2" rowspan="2">確定申告（総合課税）（一部）</td><td>無</td></tr>
<tr><td>2</td><td>資産の譲渡による所得</td><td>無</td></tr>
<tr><td>3</td><td>組合契約事業利益の配分</td><td></td><td colspan="2">課税対象外</td><td>20.42%</td></tr>
<tr><td>4</td><td>土地等の譲渡対価</td><td colspan="3" rowspan="3">源泉徴収の上確定申告（総合課税）</td><td>10.21%</td></tr>
<tr><td>5</td><td>人的役務の提供事業の対価</td><td>20.42%</td></tr>
<tr><td>6</td><td>不動産の賃貸料等</td><td>20.42%</td></tr>
<tr><td>7</td><td>利子等</td><td rowspan="9"></td><td colspan="2" rowspan="9">源泉分離課税</td><td>15.315%</td></tr>
<tr><td>8</td><td>配当等</td><td>20.42%</td></tr>
<tr><td>9</td><td>貸付金利子</td><td>20.42%</td></tr>
<tr><td>10</td><td>使用料等</td><td>20.42%</td></tr>
<tr><td>11</td><td>給与その他人的役務の提供に対する報酬，公的年金等，退職手当等</td><td>20.42%</td></tr>
<tr><td>12</td><td>事業の広告宣伝のための賞金</td><td>20.42%</td></tr>
<tr><td>13</td><td>生命保険契約に基づく年金等</td><td>20.42%</td></tr>
<tr><td>14</td><td>定期積金の給付補填金等</td><td>15.315%</td></tr>
<tr><td>15</td><td>匿名組合契約に基づく利益の分配</td><td>20.42%</td></tr>
<tr><td>16</td><td>その他の国内源泉所得</td><td>確定申告（総合課税）</td><td colspan="2">確定申告（総合課税）</td><td>無</td></tr>
</table>

（出典：令和２年版源泉徴収のあらましP270を修正）

＊1　図表1-6は非居住者の課税関係です。外国法人についても法令の規定の仕方の違いはありますが，源泉国際課税の実務での取扱いは同じです。ただし，12号は個人が稼得する所得なので外国法人には適用がありません。

＊2　横欄の①から③は非居住者が日本で所得を得る場合の形態を表します。

＊3　縦欄は，非居住者等の課税対象となっている所得で，所得税法第161条第１項に規定されているものを掲げています。

なお，租税特別措置法の規定により，上記の表と異なる取扱いがされる場合があります。

＊4　縦欄と横欄の交差した部分が課税方法を表します。例えば，10号使用料等の所得を非居住者が得た場合，国内の恒久的施設に帰属する所得であれば，源泉徴収の上確定申告，それ以外の場合は源泉分離課税となります。

4　源泉徴収が必要な国内源泉所得

1　国内源泉所得と源泉徴収が必要な国内源泉所得

前ページに掲げた所得を国内源泉所得といい，非居住者等の課税対象となる所得です。しかし，これらの所得について全て源泉徴収が必要というわけではありません。これらのうち源泉徴収が必要な所得については，所得税法第212条第１項に規定されています。

図表1-7は，非居住者の課税対象となる国内源泉所得のうち源泉徴収が不要な国内源泉所得（AからD）と源泉徴収が必要な国内源泉所得（１から13）を整理したものです。

図表1-7の源泉徴収が必要な国内源泉所得が源泉国際課税の実務の対象ですが，実際には，源泉徴収義務者となる企業等の業種，業態によって，源泉徴収が必要な国内源泉所得はさらに限定されます。

図表1-7｜国内源泉所得についての源泉徴収の要否

源泉要否	国内源泉所得の種類									
不要	A	（事業所得）	B	資産の運用・保有により生ずる所得	C	資産の譲渡による所得	D	その他の国内源泉所得		
必要	1	組合契約事業利益の配分	2	土地等の譲渡対価	3	人的役務の提供事業の対価	4	不動産の賃貸料等	5	利子等
	6	配当等	7	貸付金利子	8	使用料等	9	給与その他人的役務の提供に対する報酬，公的年金等，退職手当等（注）		
	10	事業の広告宣伝のための賞金	11	生命保険契約に基づく年金等	12	定期積金の給付補填金等	13	匿名組合契約に基づく利益の分配		

（注）個人が取得する所得なので，外国法人の課税対象とはなりません。

2　源泉徴収が必要な国内源泉所得のグループ分け

非居住者等に支払いの際に源泉徴収が必要な所得を，次の３グループに分けると理解が容易になります。

また，このグループ分けは，後述する源泉徴収免除制度の適用の有無と深く関係があります。

1　居住者又は内国法人に支払う際に源泉徴収が必要なグループ

非居住者に対して支払う際に源泉徴収が必要な所得と居住者又は内国法人に対して支払う際に必要な源泉徴収の要否をまとめたのが図表1-8です。この表から，およそ半分は居住者に対して支払った場合であっても源泉徴収が必要なことがわかります。居住者に支払った際に源泉徴収が必要であれば，

図表1-8｜源泉徴収が必要な国内源泉所得と居住者・内国法人に対する源泉徴収

号	非居住者等に支払いの際に源泉徴収が必要となる所得（所法161①，212①）	居住者に支払った場合の源泉徴収の要否	内国法人に支払った場合の源泉徴収の要否
4	組合契約事業利益の配分	不要	不要
5	土地等の譲渡対価	不要	不要
6	人的役務の提供事業の対価	不要	不要
7	不動産の賃貸料等	不要	不要
8	利子等	要（所法181）	要（所法212③）
9	配当等	要（所法181）	要（所法212③）
10	貸付金利子	不要	不要
11	使用料等	要（204①）	不要
12	給与	要（所法183）	
	人的役務の提供に対する報酬	要（所法204①）	
	公的年金等	要（所法203の2）	
	退職手当等	要（所法199）	
13	事業の広告宣伝のための賞金	要（所法204①八）	不要
14	生命保険契約に基づく年金等	要（所法207）	不要
15	定期積金の給付補填金等	要（所法209の2）	要（所法212③）
16	匿名組合契約に基づく利益の分配	要（210）	要（212③）

非居住者に対して支払った場合でも源泉徴収が必要になります。

2　課税方法が申告納税から源泉徴収に変更となったグループ

制度創設時は申告納税を課税方法としていたが，適正な課税を確保するために税制改正が行われたのが次の❶から❸です。

❶　組合契約事業利益の配分

組合契約事業以外に恒久的施設を有していない外国組合員について適正課税を確保するために，平成17年度の税制改正で源泉徴収制度が導入されました。

❷　土地等の譲渡対価

土地等を譲渡しても，申告納税のないまま出国する事例が増加したことから，平成２年後の税制改正で源泉徴収制度が導入されました。

❸　匿名組合契約に基づく利益の分配

平成14年度税制改正で，匿名組合員（出資者）の人数に関わらず源泉徴収が必要となりました。それ以前は，10人以上の場合には源泉徴収が必要で，10未満の場合には申告納税とされていましたが，この制度を利用した投資スキームが出現したため人数要件が廃止されました。

3　その他のグループ

上記１，２のいずれにも該当しないのは，人的役務の提供事業の対価，不動産の賃貸料，貸付金利子です。

5 源泉徴収が必要な国内源泉所得の所得源泉地

1　国内源泉所得と所得源泉地

非居住者等に支払いをした際に源泉徴収が必要な所得の種類は図表1-7の1～13ですが，これらのうち所得源泉地が日本であるものが国内源泉所得に該当します。所得源泉地とは所得が発生した場所（国）です。しかし，一定の基準がないと所得源泉地がどこかを判断できませんので，所得税法第161条第1項では，国内源泉所得となる所得の種類とともに，日本が所得源泉地となる場合を規定しています。

源泉徴収が必要な国内源泉所得について，所得源泉地が日本となる場合と所得の種類をまとめたのが図表1-9です。

2　国内源泉所得の規定と源泉徴収義務者

源泉徴収が必要なのは所得の支払いの際ですから，不動産は借りた場合の賃借料，金銭消費貸借の場合は借入金の利子の支払いとなりそうですが，所得税法の国内源泉所得の規定は，不動産の貸付けの対価あるいは貸付金の利子となっています。これは，所得税法第161条第1項に規定されている国内源泉所得が，非居住者等にとって課税の対象となる所得を掲げているからです。源泉徴収義務者の立場からは読みにくい規定になっています。

図表1-9｜国内源泉所得の所得源泉地と所得の種類

所法161①	所得源泉地が日本となる場合	所得の種類
4号	恒久的施設を通じて行う	組合契約事業利益の配分
5号	国内にある	土地等の譲渡対価
6号	人的役務提供が国内で行われる場合の	人的役務の提供事業の対価
7号	国内にある	不動産の貸付け等の対価
8号	(1) 日本国の	国債，地方債の利子
	(2) 内国法人の発行する	債券の利子
	(3) 国内に恒久的施設がある外国法人の発行する（その外国法人の恒久的施設を通じて行う事業に係るもの）	債券の利子
	(4) 国内にある営業所等に預け入れられた	預貯金の利子
	(5) 国内にある営業所に信託された	合同運用信託，公社債投資信託等の収益の分配
9号	内国法人から受ける	剰余金・利益の配当等
	国内にある営業所等に信託された	投資信託等の収益の分配
10号	国内において業務を行う者に対する（その国内業務に係るもの）	貸付金の利子
11号	国内において業務を行う者から受ける（その国内業務に係るもの）	(1) 工業所有権，著作権等の使用料又は譲渡対価
		(2) 機械・装置等の使用料
12号	(1) 国内において行う勤務，人的役務提供等に基因する	給与，報酬等
	(2) 所得税法第35条第3項に規定する	公的年金
	(3) 支払いを受けるものが居住者であった期間に行った勤務等（内国法人の役員として非居住者であった期間に行った勤務等を含む）に基因する	退職手当等
13号	国内において行う	事業の広告宣伝のための賞金
14号	国内にある営業所等を通じて締結した	保険契約に基づく年金等
15号	国内にある営業所が受入れ等した	定期積金の給付補填金等
16号	国内において事業を行う者に対する出資のうち	匿名組合契約に基づく利益の分配

3　所得源泉地の具体例

図表1-9に記載した国内源泉所得に該当するものと該当しないものは，例えば次のようなものです。

図表1-10｜国内源泉所得に該当するものとしないものの例

所法161①	国内源泉所得に該当する例	国内源泉所得に該当しない例
7号	国内にある不動産の貸付け	国外にある不動産の貸付け
8号	国内の銀行に預けた預金利子	国外の銀行に預けた預金利子
10号	国内での事業資金として使用する貸付金の利子	国外での事業資金として使用する貸付金の利子
11号	日本の工場で使用する特許権の使用料	国外の工場で使用する特許権の使用料
12号	国内勤務分の給与	国外勤務分の給与

6 恒久的施設

1　恒久的施設の概要

1　恒久的施設とは

国際課税のルールに「恒久的施設（Permanent Establishment（略してPEという））なければ課税なし」というのがあります。言い換えると「非居住者等が，日本で支店や工場等の拠点を構えて商売をした場合には，その利益について課税するが，日本に拠点を構えずに，外国から日本の輸入業者等を通じて日本に販売しているだけなら（事業所得について）その利益について日本では課税しない」ということになります。このように日本で商売，事業をするために構えた拠点を恒久的施設といいます。例えば，外国法人の日本支店，工場がこれに該当します。

恒久的施設は，これらのほかにも該当するものがありますが，源泉国際課税の実務では，支払先が恒久的施設に該当するのは支店の場合がほとんどです。

2　恒久的施設に関する国内法の定義

恒久的施設については，所得税法及び法人税法で３つに区分されて定義されています（所法２①八の四，所令１の２，法法２の十二の十九，法令４の４）。

図表1-11｜恒久的施設の定義

定　義
1　非居住者等の国内にある，次に掲げる場所 （1）事業の管理を行う場所，支店，事務所，工場，作業場 （2）鉱山，石油又は天然ガスの坑井，採石場その他の天然資源を採取する場所 （3）その他事業を行う一定の場所
2　非居住者等の国内にある建設若しくは据付けの工事又はこれらの指揮監督の役務の提供で1年を超えて行う場所
3　非居住者等が国内に置く代理人等で，その事業に関し，反復して契約を締結し，又は契約のために反復して主要な役割を果たす者

3　租税条約に国内法と異なる定めがある場合

租税条約に規定された恒久的施設の規定が国内法と異なる場合には，国内にある恒久的施設について，租税条約の規定に従います（所法２①八の四，法法２十二の十九）。

2　恒久的施設と非居住者等に対する課税関係

非居住者等が日本で所得を稼得する形態は，恒久的施設の有無によって，３形態に区分できます。図表1-12の区分と国内源泉所得の種類に応じて，非居住者等に対する課税関係が決定されます（図表1-6）。

図表1-12｜非居住者等が日本で所得を稼得する形態

(1)　日本に恒久的施設（支店等）があり、その恒久的施設を通じて取引・投資等を行う。	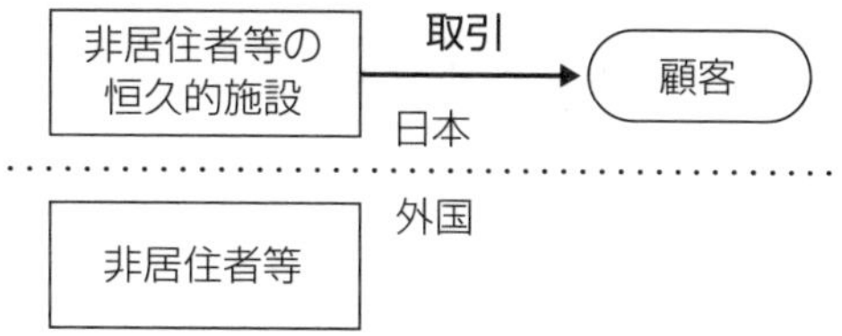
(2)　日本に恒久的施設（支店等）があるが、その恒久的施設を通さずに取引・投資等を行う。	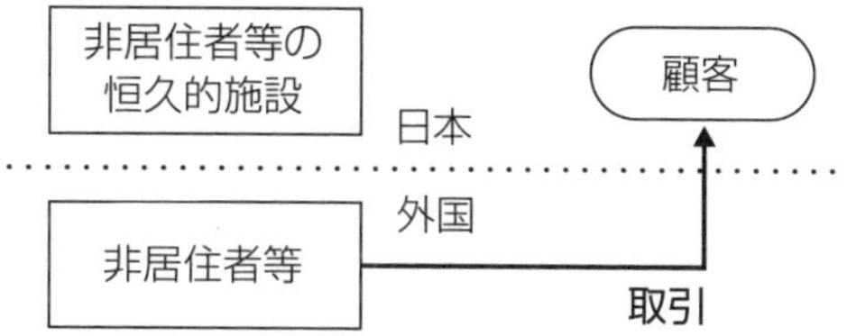
(3)　日本に恒久的施設（支店等）はなく、海外の本店等が直接日本の顧客と取引・投資等を行う。	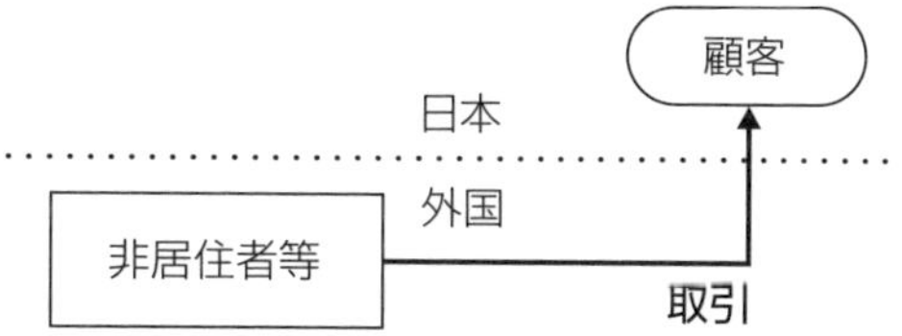

3　源泉国際課税の実務と恒久的施設

国内に恒久的施設があると認められれば，恒久的施設に帰属する所得の全てが確定申告の対象になりますので，非居住者等にとって恒久的施設の有無は非常に重要な問題です。しかし，支払者の立場からは，源泉徴収が必要な所得は所得税法第161条第１項の4号から16号に限られていて，組合契約事業利益の配分を除き恒久的施設帰属所得か否かにかかわらず源泉徴収が必要となりますので，多くの場合恒久的施設の有無は問題にはなりません。

ただし，一定の要件を満たした国内に恒久的施設を有する非居住者等については，一定の恒久的施設帰属所得の支払いを受ける際の源泉徴収が免除される制度がありますので，この場合は，免除される所得が恒久的施設に帰属する所得か否かが重要になります。

4　帰属主義と総合主義

恒久的施設に帰属する国内源泉所得は全て確定申告の対象となりますが，日本で生じた所得であっても恒久的施設に帰属しない所得は恒久的施設の確定申告の対象になりません。一方，国外で取得した所得であっても恒久的施設に帰属するものであれば恒久的施設の確定申告の対象になります。これを帰属主義といい平成26年度税制改正で導入された制度です。それ以前は長年にわたり国内源泉所得に総合主義を採用していました。総合主義では，国内に恒久的施設があれば，日本で生じた所得は日本の恒久的施設に帰属しない所得でも国内源泉所得として確定申告の対象になりますが，国外で発生した所得は，恒久的施設に帰属するものであっても確定申告の対象になりません。

図表1-13｜帰属主義の恒久的施設の課税対象所得

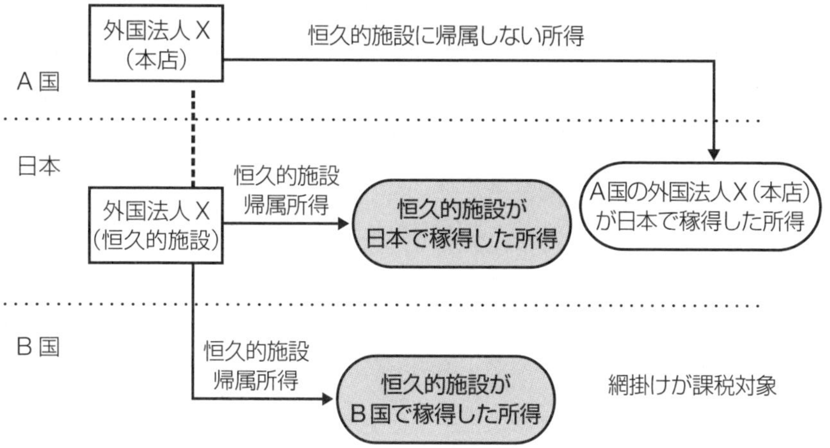

図表1-14｜総合主義の恒久的施設の課税対象所得

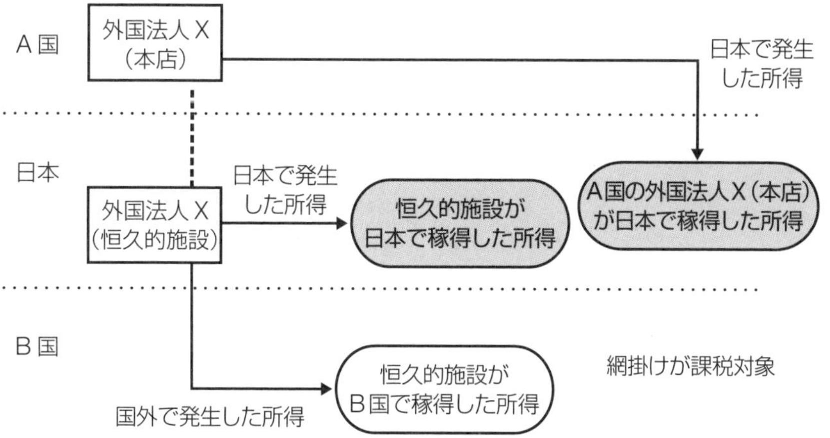

5　帰属主義への変更と源泉国際課税

源泉徴収の対象となる国内源泉所得は，恒久的施設の有無や恒久的施設に帰属するか否かによって変わるものではありません（組合契約事業利益の配分を除く）。したがって，総合主義から帰属主義に制度が変わっても源泉徴収が必要な所得に変わりはありません。

しかし，恒久的施設に支払った国内源泉所得について，恒久的施設が源泉徴収の免除証明書を提示した場合には一定の国内源泉所得の源泉徴収が免除される制度があります。この免除の対象となる所得は，恒久的施設が確定申告している所得になりますので，帰属主義に変更後は，免除証明書の対象所得が恒久的施設帰属所得に限られることになりました。

7 源泉徴収免除制度

1　源泉徴収免除制度の概要

外国法人の日本支店等のような恒久的施設に帰属する所得は，確定申告が必要になります。この点では，内国法人と同様の状況にあります。

内国法人が受け取る不動産賃貸料や特許権使用料収入は，源泉徴収の対象ではないのに，外国法人の日本支店が受け取る不動産の賃貸料収入や，特許権使用料収入は源泉徴収の対象となっています。恒久的施設帰属所得の場合でも源泉徴収が必要なことに変わりはなく，確定申告で精算することになりますが，この点において，外国法人は内国法人と比較して不利な状況にあります。非居住者等に対する源泉徴収は，非居住者等を不利な状況に置くことを目的としていませんし，毎年，適正な申告をしている恒久的施設のある外国法人であれば，源泉徴収をしなくても適正な課税を期待できます。

そこで，一定の要件を満たした日本に恒久的施設のある外国法人に対しては，所轄税務署長に申請書を提出し，証明書の交付を受けることによって一定の国内源泉所得について源泉徴収を免除し，内国法人と同様の状況になるようにしています。これが源泉徴収の免除制度といわれるものです。

なお，内国法人と同様の状況にするのが目的ですから，内国法人でも源泉徴収される所得についてはこの制度の適用がありません。

また，国内に恒久的施設を有する非居住者についても同様の規定があります（所法180①，214①）。

2　源泉徴収が免除される場合

国内に恒久的施設を有する非居住者等が一定の要件を満たし，所轄税務署長に申請をして証明書（源泉徴収の免除証明書）の交付を受け，その証明書を国内源泉所得の支払者に提示した場合は，源泉徴収が免除されます（証明書が有効期限内であり，免除対象の所得に限る）（所法180，214，所令304～305，330～331）。

3　源泉徴収義務者が注意すべき事項

非居住者等に対して源泉徴収が必要な所得の支払いをした場合でも，次の**1**から**3**の要件を満たした源泉徴収の免除証明書の提示を受けた場合には，源泉徴収の必要がありません。

1　源泉徴収の免除の対象国内源泉所得であること

源泉徴収の免除対象となる国内源泉所得は図表 1-15のとおりです。

源泉徴収の免除対象所得は，前述の源泉徴収が必要な国内源泉所得のグループ分けと密接な関係にあります。

非居住者等に対する源泉徴収免除制度は，適正な確定申告をしている非居住者等に対して，源泉徴収に関して居住者又は内国法人と同様に取り扱うという趣旨です。したがって，居住者や内国法人に対して支払った際にも源泉徴収が必要な所得であれば，源泉徴収免除制度の対象外となります。

また，申告納税制度としていたが適正な課税を確保するために源泉徴収の対象と税制改正した所得については，その税制改正の趣旨から源泉徴収免除制度の対象外となります。

図表1-15｜源泉徴収の免除の対象国内源泉所得

所得の種類＼非居住者の区分		非居住者	外国法人
1	組合契約事業利益の配分	△(注2)	△(注2)
2	土地等の譲渡対価	×	△(注3)
3	人的役務の提供事業の対価	○	○
4	不動産の賃貸料等	○	○
5	利子等	×	×
6	配当等	×	×
7	貸付金利子	○	○
8	使用料等	△(注4)	○
9	給与・人的役務の提供に対する報酬	△(注5)	—
10	事業の広告宣伝のための賞金	×	○
11	生命保険契約に基づく年金等	△(注6)	○
12	定期積金の給付補填金等	×	×
13	匿名組合契約に基づく利益の分配	×	×

(注１) ○：源泉徴収の免除対象，△：一部が源泉徴収の免除対象
×：源泉徴収の免除対象とならない。
(注２) 組合事業に係る恒久的施設以外の恒久的施設に帰せられるものに限る。
(注３) 第13条第１項但書（信託財産に属する資産及び負債並びに信託財産に帰せられる収益及び費用の帰属）に規定する信託で国内にある営業所に信託されたものの信託財産に帰せられるものに係るものに限る。
(注４) 所得税法第204条第１項第１号に掲げる報酬又は料金に該当するものを除く。
(注５) 給与に係るもの及び所得税法第204条第１項第５号に掲げる人的役務の提供に該当するものを除く。
(注６) 支払額が25万円以上のものを除く。

2　源泉徴収の免除証明書が有効期限内であること

源泉徴収の免除証明書には有効期間がありますので，取引開始の時に免除証明書を確認しても，契約期間中に有効期限が経過することがあります。

その場合は，再度，非居住者等に免除証明書の確認をする必要があります。

非居住者等が免除証明書を更新していないのに源泉徴収をしない場合には源泉徴収もれとなります。

3　支払った所得が恒久的施設帰属所得であること

恒久的施設帰属所得だけが免除の対象となりますので，恒久的施設帰属所得か否かは確認する必要があります。

例えば，恒久的施設と取引があって免除証明書の提示を受けたとしても，恒久的施設を通さない外国の本店との取引の支払いについては，源泉徴収の免除の対象になりません。

参　考｜外国法人に対する源泉徴収の免除証明書

外国法人に対する源泉徴収の免除証明書　　第　　号

① 外国法人の	本店又は主たる事務所の所在地	
	名　称	
② 日本における法人税の納税地にある事務所等の	所　在　地	
	名　称	

③
上記の者は、所得税法施行令第 304 条に規定する要件を備えていると認められますから、この証明書の発行の日から令和　　年　　月　　日までの間に上記の者に支払う所得税法第 161 条第１項第４号（裏面２(5)を参照してください。）、第５号（裏面２(6)を参照してください。）、第６号、第７号、第 10 号、第 11 号、第 13 号又は第 14 号に掲げる国内源泉所得で上記の者の恒久的施設に帰せられるものについては、その支払者は所得税法第212条第１項の規定による源泉徴収を行う必要はありません。

令和　　年　　月　　日　　　　財務事務官

税務署長　　　　㊞

8　租税条約の概要

1　租税条約とは

非居住者等に国内源泉所得を支払う際に必要な源泉徴収についての国内法の規定が租税条約によって修正されることがあります。例えば，国内法では非居住者に対する使用料の支払いは，20.42％の源泉徴収税率となっていますが，租税条約の適用によって軽減・免除されることがあります。また，租税条約で所得源泉地について国内法と異なる定めがある場合には，租税条約で定められた所得源泉地に置き換えられます。

この場合の租税条約とは，「日○租税条約」（○には条約の相手国名が入る）といわれるものです。源泉国際課税の実務で「租税条約」という場合はこの租税条約のことです。

例えば，日米租税条約がこれに該当します。正式名称は，「所得に対する租税に関する二重課税の回避及び脱税の防止のための日本国政府とアメリカ合衆国政府との間の条約」で，その名称のとおり，日本と米国の二国間で締結し，二重課税の回避と脱税の防止を目的としています。

2　二重課税が発生する理由

租税条約の目的の一つは二重課税の防止です。ある国の居住者が他国で所得を得ると，多くの場合，所得が発生した国（所得の発生した国を「源泉地国」という）と住所のある国（住所のある国（居住者として課税を受ける国）を「居住地国」という）の両方の国で課税を受けることになるからです。

例えば，非居住者が日本で国内源泉所得を稼得すると日本で課税されます。そして，その非居住者は居住地国では居住者ですから，日本で稼得した所得も他の所得と合算して課税されます。その結果，同じ所得に二度課税されることになります。これを二重課税といいます。

図表1-16｜二重課税が発生する原因

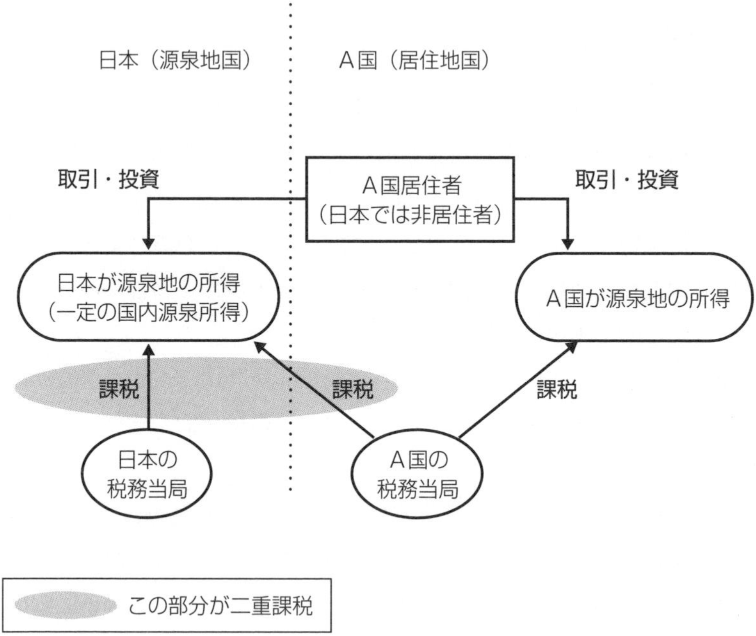

3　二重課税の除去

海外で稼得した所得に対して源泉地国と居住地国の両方で課税を受けると，租税の負担が重くなり，海外進出意欲が妨げられますので，円滑な経済交流のために二重課税を排除する必要があります。

二重課税を排除する方法の一つに外国税額控除があります。これは日本の国内法で採用している方法です。外国税額控除は，源泉地国で支払った税金を居住地国での申告税額から控除するというものですが，完全に二重課税を排除することができるものではありません。

そこで，源泉地国での税率を低くしたり，租税を免除することによって二重課税を排除します。源泉地国での課税方法が源泉徴収であれば，源泉所得税が軽減又は免除されることになります。

4　その他の租税条約

1　税務行政執行共助条約

税務行政執行共助条約は多国間で締結された租税に関する条約で，他の締約国との間で，①情報交換（租税に関する情報の交換），②徴収共助（租税の徴収の依頼），③送達共助（文書の送達の依頼）の行政支援を相互に行うことにより，国際的な脱税及び租税回避に適切に対処することが可能になります。

2　「税源浸食及び利益移転を防止するための租税条約関連措置を実施するための多数国間条約」（BEPS防止措置実施条約）

BEPS防止措置実施条約は，BEPSプロジェクト（平成24年に多国籍企業の課税逃れに対処するためにOECDが立ち上げたプロジェクト）で策定された措置のうち租税条約に関連する措置を，既存の租税条約に導入することを目的としています。日本については平成31年（2019年）1月1日に発効しました。

BEPS防止措置実施条約の目的は，多国籍企業の課税逃れの防止ですから，所得源泉地の置き換えや租税の軽減・免除等のように源泉徴収事務に直接影響するものではありません。しかし，非居住者等が租税条約の適用を否認されたり，日本にある施設が恒久的施設と認定されることによって租税条約の適用関係が変更され，源泉国際課税の実務に影響があることも考えられます。

5　日台民間租税取決め

2015年11月に日本側と台湾側の民間機関の間で，租税に関する取決めである「所得に対する租税に関する二重課税の回避及び脱税の防止のための公益財団法人交流協会と亜東関係協会との間の取決め」（以下「日台民間租税取決め」という）が署名されました。

これは，租税条約とは異なり，国ではなく民間機関の間の取決めですが，租税条約と同様の内容が定められています。

9　国内法と租税条約

1　国内法と租税条約の関係

日本が締結した租税条約は遵守する必要がありますが，租税条約では租税を新たに課したり変更することができません。その場合は，法律の規定が必要です（憲法84，98②）。

したがって，国内法に規定がない場合は，租税条約に規定があったとしても租税が課されませんので，国内法で課税の規定を確認してから租税条約を検討します。

国内法と租税条約で異なる規定がある場合には租税条約が優先しますが，国内法を租税条約に置き換えて適用するために，次の規定が国内法にあります。

1　「租税条約等の実施に伴う所得税法，法人税法及び地方税法の特例等に関する法律（実特法）」，同施行令，同省令

実特法は，租税条約の規定を国内法で適用するための法律です。租税条約の規定によって，国内法の規定に関わらず，租税を軽減・免除できることになります。

実特法省令では，主に租税条約に関する届出書等の手続等が規定されています。

2　所得税法第162第１項，法人税法第139第１項（租税条約に異なる定めがある場合の国内源泉所得）

所得源泉地の置き換えの規定といわれます。例えば，所得税法第161第１項第11号に規定された使用料は，工業所有権等を使用した場所で所得源泉

地を判定しますので，使用地が海外である場合には国内源泉所得に該当しません（使用地主義）。しかし，租税条約によっては，支払者が日本の居住者（内国法人を含む）であれば，使用地にかかわらず日本が所得源泉地となるものがあり（債務者主義），この条約では所得源泉地が支払者の居住地国（日本）に置き換わって，工業所有権等を海外で使用した場合であっても日本が所得源泉地になります。

3 所得税法第２条第１項８号の４ただし書，法人税法第２条12号の19ただし書（恒久的施設）

恒久的施設の定義を定めた規定ですが，適用する租税条約に異なる定めがある場合には，恒久的施設の定義は租税条約に定められたものになります。

2 租税条約の検討項目

国内法の規定で非居住者に対する支払いが源泉徴収の対象となる国内源泉所得に該当する場合には租税条約について次の項目の検討を行います。

1 適用する租税条約の特定

適用する租税条約は，日本と支払先である非居住者等の居住地国との間で締結されている租税条約です。租税条約が異なれば，課税の取扱いも異なりますので，どの租税条約を適用するかを特定します。なお，租税条約が締結されていない場合は国内法の規定によって源泉徴収をします。

2 租税条約の規定の検討

租税条約の検討事項は，国内源泉所得の規定に関しての租税条約での取扱いと租税の軽減・免除です。

また，支払った所得が特典条項に該当するかを確認し，特典条項に該当する場合は，支払先である非居住者等が特典を受けられる相手国の居住者に該当するか否かを確認することも重要です。

3　届け出書類の提出

租税条約の適用によって租税の軽減・免除を受ける場合には所定の届出書類の提出が必要になります。租税条約によって租税の軽減・免除を受けるのは非居住者等ですから，租税条約の適用にあたっての届出書類は，非居住者等が作成し，支払者を経由して支払者の納税地の所轄税務署長に提出します。しかし，非居住者等が日本の法令を確認して書類を作成するのは困難な場合が多いですから，実務では日本の支払者が準備して非居住者等の届出書類作成をサポートします。

10 租税条約の規定

1 租税条約の条文

適用する租税条約の相手国は非居住者等の居住地国です。租税条約の内容は相手国によって異なりますので，どの租税条約を適用するかを確認する必要があります。

租税条約は，30条程度の条文から成り，規定されている項目の順序も概ね似たようなものになっています。実務で租税条約を読むときは，租税条約を３部構成に分けると読みやすくなります。１部（概ね１条から５条）は定義規定，２部（概ね６条から22条）は両国間での課税権の配分の規定，３部（概ね23条から最後の条文）はその他の規定となっています。

また，交換公文や議定書も租税条約の解釈や改正が載っていますので参照してください。

源泉国際課税の実務での中心は所得に関する規定の２部です。非居住者に支払った国内源泉所得について，租税条約での取扱いを確認します。

1部	定義規定	条約で使用される用語，居住者，恒久的施設の定義等が規定されています。支払先が相手国の居住者の定義に該当する場合に租税条約の適用が受けられます。 国内法での居住者の規定が2国間で異なる場合等は，租税条約で調整をします。 また，恒久的施設の定義が国内法と租税条約で異なる場合があります。この場合は租税条約の規定を適用します。
2部	所得に関する規定	主に，二国間（源泉地国と居住地国）の課税権について規定されています。 実務では，所得税法で確認した国内源泉所得に対する源泉徴収の規定についての租税条約での取扱い（所得源泉地の置き換え，租税の軽減・免除等）を確認します。
3部	その他	定義及び所得に関する規定以外に関する条項です。

2　租税条約の各条文に規定されている項目

ここでは，日加租税条約と日英租税条約を例に租税条約に規定されている項目を確認します。

図表1-17｜日加租税条約

	条	項　目	条	項　目	条	項　目
定義規定	1	人的範囲	2	適用される租税	3	定義
	4	一方の締約国の居住者	5	恒久的施設		
所得に関する規定	6	不動産に係る所得	7	企業又は恒久的施設の利得	8	船舶又は航空機に係る所得
	9	特殊関係企業に係る利得	10	配当	11	利子
	12	使用料	13	譲渡収益	14	自由職業の所得
	15	勤務に対する報酬	16	役員の報酬	17	芸能人の所得
	18	公務遂行に係る報酬	19	学生，事業習修者への給付金	20	その他の所得
その他の規定	21	二重課税の排除方法	22	内国民待遇	23	不服申立て及び両国当局間の協議
	24	情報交換	25	法令又は他の協定との関係	26	外交官又は領事館の特権との関係
	27	批准，効力発生及び適用の開始時期	28	条約の終了及び適用の終了時期		

図表1-18｜日英租税条約

	条	項　目	条	項　目	条	項　目
定義規定	1	対象となる者	2	対象となる租税	3	一般的定義
	4	居住者	5	恒久的施設		
所得に関する規定	6	不動産所得	7	事業利得	8	国際運輸
	9	関連企業	10	配当	11	利子
	12	使用料	13	譲渡収益	14	給与所得
	15	役員報酬	16	芸能人及び運動家	17	退職年金
	18	政府職員	19	学生	20	匿名組合
	21	その他の所得	22	特典の制限		
その他の規定	23	二重課税の除去	24	無差別待遇	25	相互協議手続
	26	情報の交換	27	外国使節団及び領事機関の構成員	28	発効
	29	終了				

CHAPTER 2

国内法の規定

1 非居住者等に対する源泉徴収の規定

非居住者又は外国法人に対し国内において，所得税法第161条第1項第4号から第16号（外国法人については第12号（給与，報酬，年金，退職金）を除く）に掲げる国内源泉所得の支払いをする者は，その支払いの際，これらの国内源泉所得について所得税を徴収し，その徴収の日の属する月の翌月10日までに，これを国に納付しなければならないことが所得税法第212条第1項に規定されています。

所得税法第212条第1項は，非居住者等に対する支払いについての源泉徴収義務の規定ですが，この条文には，4つの重要なキーワードが含まれています。

次ページ以降では，このキーワードから源泉徴収が必要な国内源泉所得を説明しています。

図表2-1｜源泉徴収が必要な国内源泉所得（所法212①）

4号	組合契約事業利益の配分
5号	土地等の譲渡対価
6号	人的役務の提供事業の対価
7号	不動産の賃貸料等
8号	利子等
9号	配当等
10号	貸付金利子
11号	使用料等
12号	給与その他人的役務の提供に対する報酬，公的年金等，退職手当等
13号	事業の広告宣伝のための賞金
14号	生命保険契約に基づく年金等
15号	定期積金の給付補填金等
16号	匿名組合契約に基づく利益の分配

（注）外国法人は12号を除く

図表2-2｜所法212①のキーワードとポイント

4つの重要なキーワード	ポイント
1　非居住者又は外国法人	居住者と非居住者の区分 海外勤務となった従業員等及び海外から来日した外国人についての居住者・非居住者の判定は，誤りが多くなっています。 海外勤務者，来日外国人の居住者・非居住者の判定は，政令，通達に基準が示されています。
2　国内において	非居住者に対する支払いについては，国外で支払った場合であっても，一定の場合には国内払いとみなす規定があります（みなし国内払い）が，これを知らなかったために，国外払いのため源泉徴収をしない事例が多くあります。
3　国内源泉所得	源泉徴収が必要な国内源泉所得は13種類です。 源泉徴収の対象国内源泉所得であることを知らなかったために源泉徴収もれとなる事例が多くあります。
4　支払いの際	実際に金銭を支払っていない場合でも，源泉徴収が必要な支払いに該当することがあります。 このような場合は，支払いの認識がないために源泉徴収もれとなることがあります。

2　居住者と非居住者の区分

1　居住者と非居住者の区分の概要

居住者とは，国内に住所を有し，又は現在まで引き続いて１年以上居所を有する個人をいい，居住者以外の個人を非居住者といいます（所法２①三，五）。そして，住所とは各人の生活の本拠をいい，生活の本拠であるかどうかは客観的事実によって判定します（所基通2-1）。

居住者と非居住者では，課税所得の範囲及び源泉徴収が必要な所得の範囲が異なるのでその区分が重要になりますが，個人が国内に住所を有しているか否かを判断するのは難しい場合があります。グローバルに活躍しているため，どこの国が生活の本拠か判断に迷う個人の例もあります。

源泉国際課税で判断に迷うのは，多くの場合海外勤務となって国外に居住することとなった者や海外から勤務等のために来日した個人の住所の判定です。この場合には，所得税法施行令及び所得税基本通達に国内での住所の有無を推定する規定がありますので，それによって判断することになります。

2　海外勤務となった者，国内勤務となった者の居住者・非居住者の判定

1　海外勤務で国外に居住することとなった従業員等の判定

国外に居住することとなった個人が，国外において，継続して１年以上居住することを通常必要とする職業を有する場合には，国内に住所を有しない者（非居住者）と推定します（所法３②，所令15①一）。

2 国内での勤務等のため来日した個人の判定

国内に居住することとなった個人が，国内において，継続して1年以上居住することを通常必要とする職業を有する場合には，国内に住所を有する者（居住者）と推定します（所法3②，所令14①一）。

3 契約等による在留期間での判定

上記1及び2の継続して1年以上居住することを通常必要とする職業を有するか否かについては，所得税基本通達3-3で次のとおり規定されています。

❶ 海外勤務で国外に居住することとなった個人

海外での在留期間が契約等によりあらかじめ1年未満であることが明らかであると認められる場合を除き国内に住所を有しない者（非居住者）と推定されます。

❷ 国内での勤務等のため来日した個人

国内での在留期間が契約等によりあらかじめ1年未満であることが明らかであると認められる場合を除き国内に住所を有する者（居住者）と推定されます。

図表2-3｜海外勤務となった者，国内勤務となった者の居住者・非居住者の判定

従業員等の区分	居住者・非居住者	要　件
海外勤務のため出国した個人	居住者	海外での在留期間が契約等によりあらかじめ1年未満であることが明らかであると認められる場合
	非居住者	居住者に該当する場合以外
国内での勤務等のため来日した個人	居住者	非居住者に該当する場合以外
	非居住者	国内での在留期間が契約等によりあらかじめ1年未満であることが明らかであると認められる場合

3　みなし国内払い

1　みなし国内払いの概要

非居住者等に対し国内において，一定の国内源泉所得を支払った場合には源泉徴収が必要となりますが，これらの所得の支払いが国外で行われる場合には原則として源泉徴収の必要がありません。しかし，次の要件のいずれかに該当する場合は，国内で支払ったものとみなして（以下「みなし国内払い」という）源泉徴収が必要になります（所法212①②）。

①　個人の場合は，国内に住所若しくは居所を有する場合

②　法人の場合は国内に事務所，事業所その他これらに準ずるものを有する場合

なお，みなし国内払いが適用される場合に源泉徴収した所得税の納期は，支払いをした月の翌月末日となります。

2　国外払いでも所得税法第212条第１項の国内払いに該当する場合

国外で支払った場合でも，所得税法第212条第１項の規定で源泉徴収が必要になる場合があります。この場合，みなし国内払い（所法212②）ではありませんので，源泉所得税は国内源泉所得を支払った月の翌月10日までに納付する必要があります。

国税庁ホームページでは，「金銭の交付が国外で行われたものであっても，国内でその支払事務が取り扱われたと認められるもの」は，国内払い（所法212①）に該当すると記載されています。例えば，海外に「出張した際に支払いを行うような場合は，その支払事務（支払額の計算，支出の決定，支払資

金の用意，金員の交付等の一連の手続）は国内で取り扱われたものと認められることから，国内払となる」と説明されています（国税庁ホームページ／法令等／質疑応答事例／源泉所得税／源泉徴収の対象となる所得の支払地の判定）。

図表2-4｜みなし国内払いの関係図(例)

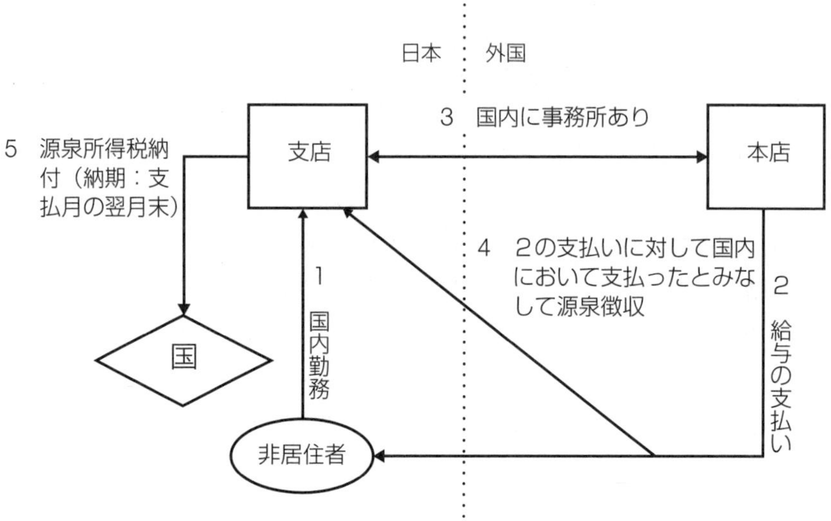

1　非居住者が国内で勤務を行う（国内源泉所得に該当）。
2　海外の本店が国内源泉所得の対価（給与）を非居住者に対して支払う（非居住者に対する支払いに該当）。
3　海外本店の事務所（支店）が国内にある（みなし国内払いに該当）。
4　1～3により源泉徴収が必要になる。
5　源泉徴収した税額を支払月の翌月末日までに納付する。

4 誤りが多い「支払い」に関する項目１ －「支払い」とは－

1 「支払い」とは

源泉徴収に関する規定において，「支払いをする際」の支払いには，現実に金銭を交付する行為のほか，元本に繰り入れ又は預金口座に振り替えるなどその支払いの債務が消滅する一切の行為が含まれます（所基通181～223共-1）。

例えば，国内源泉所得の支払いの際に未収金等があったため相殺により決済をした場合にも相殺前の国内源泉所得の金額に対して源泉徴収が必要となります。

2 支払いがあったとみなす場合

源泉徴収は支払いの際に行いますが，実際の支払いがない場合でも次の場合には支払いがあったとみなして源泉徴収が必要となります。

1 配当等の支払いがあったとみなす場合

配当等（一定の投資信託等を除く）は，支払いの確定した日から１年を経過した日までにその支払いがされない場合には，その１年を経過した日においてその支払いがあったものとみなして源泉徴収する必要があります（所法181②）。

この規定は，居住者に対する支払いに関する規定ですが，非居住者等に対する支払いについても準用されます（所法212④）。

2 役員賞与の支払いがあったとみなす場合

法人の法人税法第２条第15号（定義）に規定する役員に対する賞与については，支払いの確定した日から１年を経過した日までにその支払いがされない場合には，その１年を経過した日においてその支払いがあったものとみなして，源泉徴収する必要があります（所法183②）。

この規定は，居住者の役員への支払いに関する規定ですが，非居住者に対する支払いについても準用されます（所法212④）。

3 損害賠償金等の支払い

所得税法第161条第１項第４号から第16号までに掲げる対価，使用料，給与，報酬等には，これらに代わる性質を有する損害賠償金その他これに類するものも含まれます。

「その他これに類するもの」には，和解金，解決金のほか，これらの支払が遅延したことに基づき支払われる遅延利息とされる金員が含まれます（所基通161-46）。

5　誤りが多い「支払い」に関する項目２ －外貨建て支払金額の円換算－

1　支払金額が外貨で表示されている場合の円換算

非居住者等に支払う源泉徴収が必要な国内源泉所得の金額が外貨で表示されていることがあります。この場合であっても源泉徴収は日本円で行いますので，次のとおり外貨建ての国内源泉所得の金額を円換算します（所基通213-1，213-2）。

1　外貨で表示されている額に相当する金額を日本円で支払う場合

契約等で定められている換算方法に従って支払うこととなる日本円の金額を国内源泉所得の金額とします。

2　外貨で表示されている額を外貨により支払う場合

イ　契約等で支払期日が定められているとき

支払うべき日（注１）の電信買相場（TTB）（注２）により日本円に換算した金額（注３）を国内源泉所得の金額とします。

ロ　契約等においてその支払期日が定められていないとき

外貨で表示されている額を現に支払った日における電信買相場（TTB）により日本円に換算した金額を国内源泉所得の金額とします。

（注１）支払うべき日が月，週等の期間をもって定められている場合は，その期間の末日（同日前にその支払いが行われた場合は，その支払いが行われた日）とします。

（注２）支払者の主要取引金融機関におけるその支払うべき又は支払った日のその外貨に係る対顧客直物電信買相場によります。

（注３）支払いが著しく遅延して行われている場合を除き，実際に支払った日にお

ける電信買相場（TTB）により邦貨に換算した金額でも構いません。

図表2-5｜外貨で表示されている額の円換算フローチャート

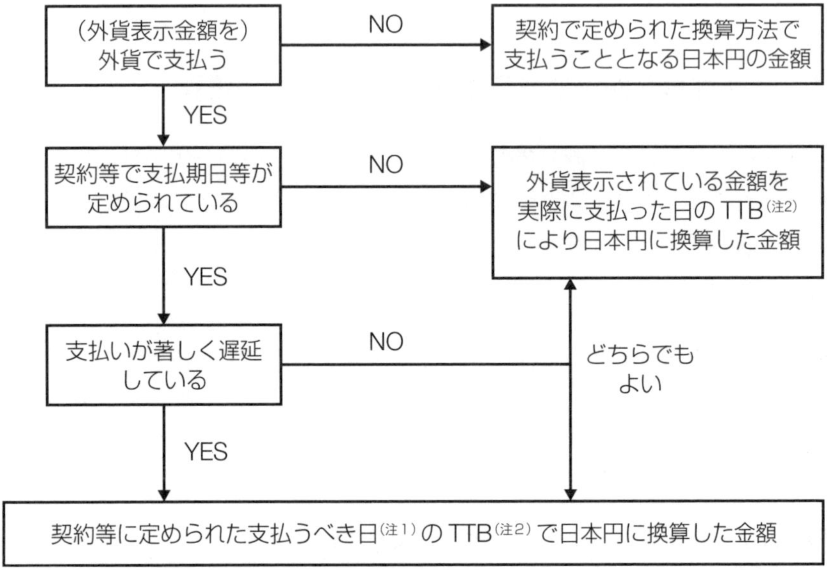

（注１）支払うべき時期が月，週等の期間をもって定められている場合はその期間の末日とするが，同日前に支払いが行われた場合は，その支払いが行われた日

（注２）支払者の主要取引金融機関におけるその支払うべき又は支払った日のその外貨に係る対顧客直物電信買相場（所基通213-2）

6 誤りが多い「支払い」に関する項目3 －グロスアップ計算－

1　税務調査によって納付した源泉徴収税額の負担

税務調査での指摘で，初めて源泉徴収が必要な所得だったとわかることがあります。その時，調査による指摘を受けて源泉徴収もれとなっていた税額を納付しますが，納付税額は所得者が負担するものですから，その税額を支払先に請求します。この手続は，支払先が居住者でも非居住者でも同じです。

ここでは，居住者に100,000円の講演料を支払ったケースで考えます。居住者に講演料を支払う場合は，10％の所得税10,000円（計算を簡単にするために復興特別所得税及び消費税は考慮しない）を源泉徴収して90,000円を支払うのが正しい処理なのに100,000円を支払っていたとします。後日，税務調査によって源泉徴収が必要だと指摘を受けた時に，支払者は，①源泉徴収もれ税額10,000円を納付，②その納付した源泉徴収税額10,000円を講演者から回収，という処理を行います。

しかし，その10,000円を講演者から回収できないこともあります。その場合，適正に源泉徴収していれば90,000円であるはずの講演者の手取金額は100,000円になります。手取90,000円の時に源泉徴収税額は10,000円ですから，手取金額が100,000円の時には源泉徴収税額は10,000円ではありません。

図表2-6｜手取り金額と源泉徴収税額

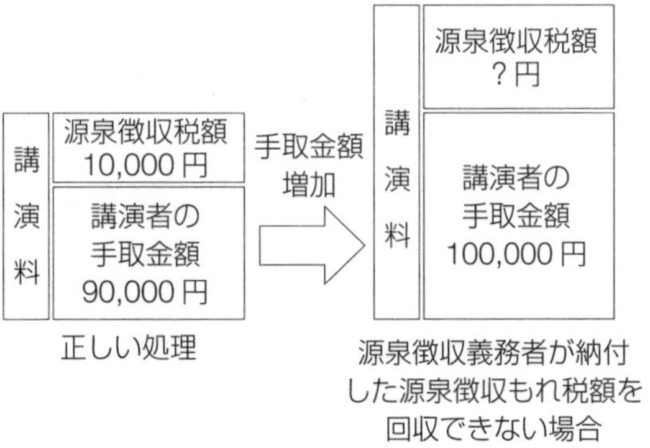

2　納付した源泉徴収もれ税額が回収できない場合の取扱い

上記１の例で納付した源泉徴収もれ税額10,000円が回収できないことによって，講演者の手取金額は10,000円増加しました。したがって，10,000円は講演者に講演料を支払ったのと何ら変わりませんから源泉徴収が必要になります。そして，その10,000円に対する源泉徴収税額も回収ができないと，その源泉徴収税額相当額も支払報酬金額となります。回収できない源泉徴収税額が発生する限り，その金額は源泉徴収が必要な報酬金額になります。この計算を源泉徴収税額が０円になるまで繰り返すと，手取金額が100,000円の時の源泉所得税込み支給金額と源泉徴収税額が計算できます。これをグロスアップ計算といいます。

図表2-7｜手取金額が100,000円の時の支払金額と源泉徴収税額の計算

	支払金額	源泉税率	源泉徴収税額
①	100,000円	10%	10,000円
②	10,000円	10%	1,000円
③	1,000円	10%	100円
④	100円	10%	10円
⑤	10円	10%	1円
⑥	1円	10%	0円
合計	111,111円 （手取金額が100,000円のときの税込支払金額）	−	11,111円 （手取金額が100,000円のときの源泉徴収税額）

（源泉徴収税額と手取金額の計算）

源泉徴収税額の計算　111,111円×10%＝11,111円

手取金額の計算　111,111円−11,111円＝100,000円

（図表2-7の説明）

1　講演料100,000円に対する源泉徴収税額は10,000円です①。

2　１の源泉徴収税額10,000円は本来講演者から回収する金額ですが，回収できませんので講演者に支払った講演料と同様源泉徴収が必要になります。その税額は1,000円になります②。

3　この1,000円も回収ができませんので講演料として源泉徴収の対象となります。その税額は100円になります③。

4　この作業を税額が０円になるまで繰り返します④〜⑥。

3　グロスアップ計算の計算式

図表2-7から講演者の手取金額が100,000円である場合，支払金額111,111円で源泉徴収税額は11,111円となることがわかります。

この計算結果は次の算式で求められます。

（グロスアップ計算の計算式）

支払金額÷（１－税率）＝グロスアップ後の支払金額

(100,000）÷（１－0.1）＝111,111円（１円未満切り捨て）

単一税率の場合はこの算式で計算することができます。

例えば，1,000,000円の使用料を支払って，国内法の税率20.42％の場合のグロスアップ計算は次のとおりとなります。

1,000,000÷（１－0.2042）＝1,256,597円（支払金額）

4　グロスアップ計算が必要な場合

グロスアップ計算が必要なのは次の２つのケースです。

①　契約等で手取金額で支払うこととなっている場合

②　支払いの後に，税務調査等により後日源泉徴収もれが判明し，源泉税額を納付したがその税額が回収できないこととなった場合

①は，支払いの前から支払金額が手取金額と決まっている場合です。

例えば，非居住者と手取金額で契約を締結している場合や雇用契約や給与規定等で，給与を手取りで支払うことが決まっている場合が該当します。

②は，支払時には源泉徴収が必要だということがわからなかったが，後日，源泉徴収もれが判明し，源泉所得税を納付したが非居住者等から回収できない場合等が該当します。

5　グロスアップ計算による源泉所得税の処理

1　手取金額で定められている金額を支払う場合

源泉徴収の対象額となるものの支払額が手取額で定められている場合には，グロスアップ計算で源泉徴収税額を算出して源泉徴収をします（所基通

181～223共-4）（100,000円が手取金額の場合は，11,111円が源泉徴収税額）。

2 源泉徴収もれとなっていた場合

❶ 支払額を手取金額で定めていた時

源泉徴収税額を支払者が負担する契約となっていたため，源泉徴収をしていなかった場合にはグロスアップ計算で算出した源泉徴収税額が源泉徴収もれの税額となります（所基通221-1（1））（100,000円が手取金額の場合は，11,111円が源泉徴収もれ税額）。

❷ ❶以外の時

源泉徴収が必要であることを知らなかったため，源泉徴収もれとなった場合等は，既に支払った金額に税額を乗じた金額が源泉徴収もれの税額となります。そして源泉徴収もれ税額の請求しないこととした場合には，請求しないこととした時に追加払いをしたものとして源泉徴収を行います（所基通221-1⑵）。

a） 100,000円を支払ったが10,000円が源泉徴収もれであることが判明し，納付した時

この時点では，10,000円が源泉徴収もれとなっている税額になります。

b） a）の税額10,000円を支払先に請求しないこととしたとき

源泉徴収もれとなっている税額を支払先に請求しないことを決めた時に10,000円を追加払いしたものとして源泉徴収をします。この場合は，10,000円を手取金額としてグロスアップ計算をして源泉徴収税額を算出（1,111円）し，納付します。

その結果，a）の10,000円とb）の1,111円の合計額11,111円を追加納付することとなります。

7 源泉徴収が必要な国内源泉所得①
組合契約事業から生ずる利益の配分

1　源泉徴収が必要な国内源泉所得

次の①から④の組合契約に基づいて，恒久的施設を通じて行う事業から生ずる利益で，その組合契約に基づいて受ける配分は，国内源泉所得に該当するので，非居住者等である組合員に支払う際には，源泉徴収をする必要があります（所法161①四，212①，所令281の２①）。

①　民法第667条第１項に規定する組合契約

②　投資事業有限責任組合契約に関する法律第3条第１項に規定する投資事業有限責任組合契約

③　有限責任事業組合契約に関する法律第３条第１項に規定する有限責任事業組合契約

④　外国における①から③に類する契約

2　源泉徴収が不要な場合

次の組合契約事業から生ずる利益の配分を支払った場合には，源泉徴収をする必要がありません。

①　恒久的施設に帰属しない組合契約事業から生ずる利益の配分

②　投資組合契約を締結している組合員である非居住者等で，当該投資組合契約に基づいて事業を行うもののうち，一定の要件を満たす者で「投資組合契約の外国組合員に対する課税の特例に関する（変更）申告書」を投資組合の無限責任組合員で組合利益の配分の取扱いをする者を経由して税務署長に提出した場合（措法41の21）

なお，組合が国内にある恒久的施設を通じて事業を行う場合には，その組合員である非居住者又は外国法人は国内に恒久的施設を有するものとして取り扱われます（財務省ホームページ「平成21年度税制改正」の解説P451）。

3　源泉徴収税額の計算

1　源泉徴収の対象金額

次の①から②を控除した金額について，その組合契約を締結している組合員がその組合契約に基づいて配分を受ける金額が源泉徴収の対象となります(所令281の２②)。

①　国内源泉所得の対象となる事業から生ずる収入

②　①の事業にかかる費用（所法212①の規定により源泉徴収された所得税を含む）

2　源泉徴収税額の計算

1の金額に20.42%を乗じた金額が源泉徴収すべき税額となります（所法213①一，復興財確法28①②）。

4　源泉徴収免除制度の適用

組合契約事業から生ずる利益の配分については，非居住者及び外国法人について源泉徴収免除制度の適用はありません。

ただし，組合事業に係る恒久的施設以外の恒久的施設に帰せられる組合契約事業から生ずる利益の配分については,この限りではありません(所180①,214①)。

5　その他

本号に規定する金銭等の配分をする者が本号の国内源泉所得の支払者とみなされますが，組合契約事業は組合員の共同事業ですから，全ての組合員が源泉徴収義務者となります（所法212⑤，所基通212-6）。

図表2-8｜組合契約事業から生ずる利益の配分の例

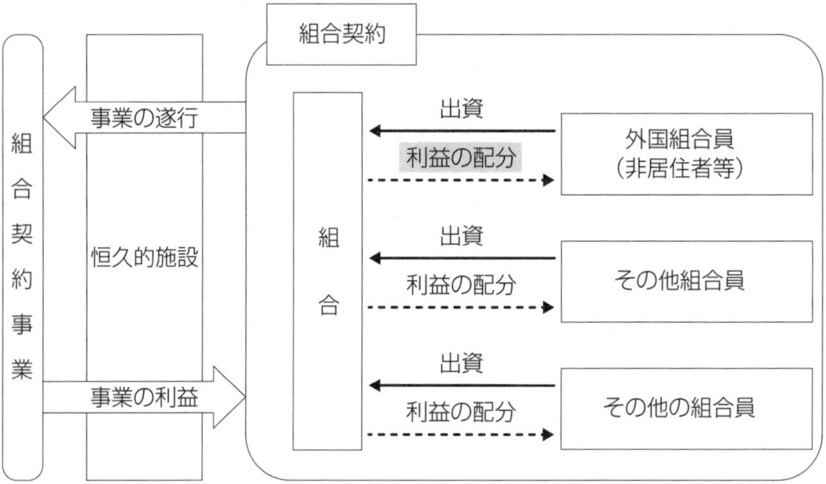

（注）網掛け部分が源泉徴収の必要な支払いです。

8 源泉徴収が必要な国内源泉所得②
土地等の譲渡対価

1　源泉徴収が必要な国内源泉所得

国内にある次の土地等の譲渡による対価は，国内源泉所得に該当するので非居住者等に支払う際には源泉徴収をする必要があります（所法161①五，212①）。

①　土地又は土地の上に存する権利

②　建物及びその附属設備

③　構築物

2　源泉徴収が不要な場合

国内源泉所得となる土地等の譲渡による対価が次の要件をいずれも満たす場合には，源泉徴収をする必要がありません（所令281の3）。

①　その土地等を自己又はその親族の居住用に使用するために購入した個人が支払う対価であること

②　譲渡対価が1億円以下であること

3　源泉徴収の税額計算

土地等の譲渡対価の金額に10.21％を乗じた金額が，源泉徴収すべき税額となります（所法213①二，復興財確法28①②）。

4　源泉徴収免除制度の適用

土地等の譲渡対価については，非居住者及び外国法人[注]に対する支払いについて，源泉徴収免除制度の適用はありません（所法180①）。

（注）次の対価を除きます。

所得税法第13条第１項ただし書に規定する信託で国内にある営業所に信託されたものの信託財産に帰せられるものに係るもの（外国法人の恒久的施設に帰せられるもの）。

図表2-9｜土地等の譲渡対価の取引例

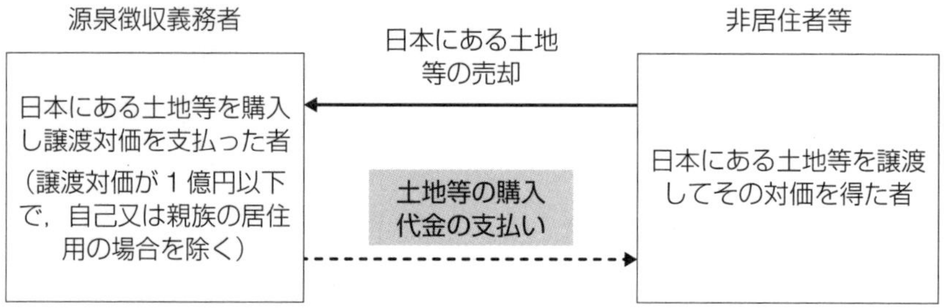

（注１）　網掛部分が源泉徴収の必要な支払いです。

（注２）　源泉徴収義務者の範囲

源泉徴収が必要な土地等の場合は，事業を行っていない者も源泉徴収義務者となります。例えば，サラリーマンが投資用の１億円超のマンションを非居住者から購入した場合，源泉徴収をする必要があります。

9 源泉徴収が必要な国内源泉所得③ 人的役務提供事業の対価

1　源泉徴収が必要な国内源泉所得

国内において行う次の人的役務の提供事業に対する対価は，国内源泉所得に該当するので，非居住者等に支払う際には，源泉徴収をする必要があります（所法161①六，212①，所令282）。

① 映画若しくは演劇の俳優，音楽家その他芸能人又は職業運動家の役務の提供を主たる内容とする事業

② 弁護士，公認会計士，建築士その他の自由職業者の役務提供を主たる内容とする事業

③ 科学技術，経営管理その他の分野に関する専門的知識又は技能を活用して行う役務提供を主たる内容とする事業（機械設備の販売その他事業を行う者の主たる業務に付随して行われる場合の事業及び所得税法第２条第１項第８号の４ロ（定義）に規定する建設又は据付けの工事の指揮監督の役務の提供を主たる内容とする事業を除く）

2　源泉徴収が不要な場合

映画若しくは演劇の俳優，音楽家その他の芸能人又は職業運動家の役務提供事業の対価のうち不特定多数の者から支払われるものは，源泉徴収が不要です（所法212①，所令328一）。

3　源泉徴収税額の計算

人的役務提供事業の対価の金額に20.42%を乗じた金額が源泉徴収すべき税額となります（所法213①一，復興財確法28①②）。

4　源泉徴収免除制度の適用

人的役務提供事業の対価については，非居住者及び外国法人について，源泉徴収の免除制度の適用があるので，非居住者又は外国法人の恒久的施設帰属所得について有効な源泉徴収の免除証明書の提示があった場合には源泉徴収をする必要がありません（所法180①，214①）。

5　その他

非居住者と雇用関係，専属関係にある者など，他人による人的役務提供の事業が本号の国内源泉所得となります。

個人が役務提供を行う場合は，12号給与等・人的役務の報酬に該当します。

図表2-10｜人的役務提供事業の対価の例

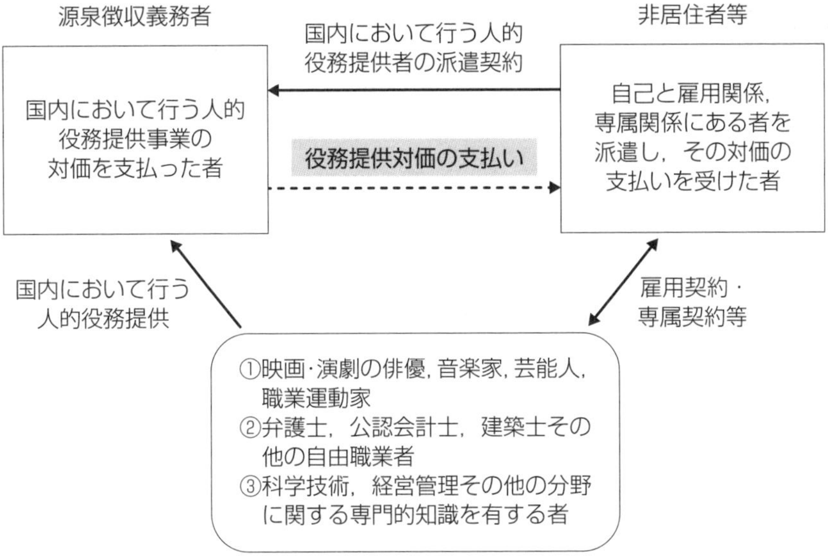

（注）網掛け部分が源泉徴収の必要な支払いです。

6　実特法等による源泉徴収の特例

租税条約の規定により免税とされる非居住者等が免税芸能法人等（注）に該当する場合には実特法３条により源泉徴収が必要となります。

なお，源泉徴収税額を納付後，租税条約に関する芸能人等の役務提供事業の対価に係る源泉徴収税額の還付請求書［様式12］を提出することにより源泉徴収税額は還付されます。（実施特例省令１の２）。

（注）免税芸能法人等とは，国内において，映画・演劇の俳優，音楽家・その他の芸能人又は職業運動家の役務の提供を主たる内容とする事業を行う非居住者等で，次のいずれかに該当することを要件として租税条約の規定により免税とされる者をいいます（措法41の22①）。

①　国内に恒久的施設を有しないこと

②　役務提供事業の対価が，国内に有する恒久的施設に帰せられないこと

源泉徴収が必要な国内源泉所得④

10 不動産の賃貸料等

1 源泉徴収が必要な国内源泉所得

次の資産に係る貸付け，設定の対価は国内源泉所得に該当するので，非居住者等に支払う際には源泉徴収をする必要があります（所法161①七，212①）。

① 国内にある不動産又は不動産の上に存する権利の貸付け

② 採石法の規定による採石権の貸付け

③ 鉱業法の規定による租鉱権の設定

④ 居住者又は内国法人に対する船舶若しくは航空機の貸付け（船体又は機体の賃貸借であるいわゆる裸用船（機）契約に基づいて支払いを受ける対価（所基通161−26））

2 源泉徴収が不要の場合

個人が，自己又は親族の居住の用に供する場合に非居住者等から借りた不動産の賃借料は源泉徴収をする必要がありません（所令328二）。

3 源泉徴収税額の計算

不動産の賃貸料の金額に20.42%を乗じた金額が，源泉徴収すべき税額となります（所法213①一，復興財確法28①②）。

4　源泉徴収の免除制度の適用

不動産の賃貸料については，非居住者及び外国法人について源泉徴収の免除制度の適用があるので，非居住者又は外国法人から有効な源泉徴収の免除証明書の提示があった場合には，源泉徴収をする必要がありません（所法180①，214①）。

図表2-11｜不動産の賃貸料の例

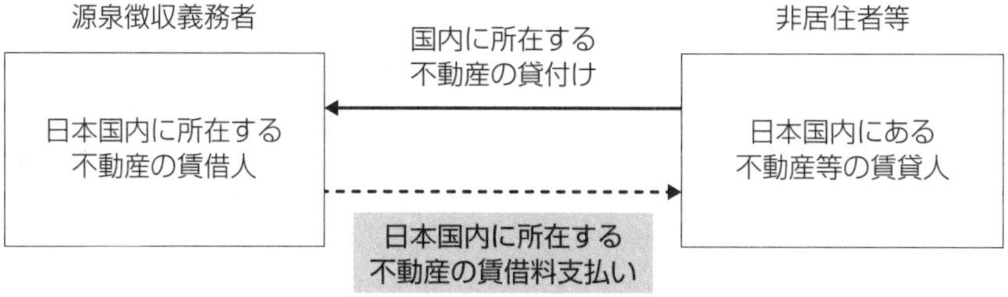

（注）網掛け部分が源泉徴収の必要な支払いです。

11 源泉徴収が必要な国内源泉所得⑤ 利子等

1　源泉徴収が必要な国内源泉所得

所得税法第23条第１項（利子所得）に規定する利子等のうち次に掲げるものは国内源泉所得に該当するので非居住者等に支払う際には源泉徴収をする必要があります（所法161①八，212①）。

①　日本国の国債若しくは地方債又は内国法人の発行する債券の利子

②　外国法人の発行する債券の利子のうち当該外国法人の恒久的施設を通じて行う事業に係るもの

③　国内にある営業所に預け入れられた預貯金の利子

④　国内にある営業所に信託された合同運用信託，公社債投資信託又は公募公社債等運用投資信託の収益の分配

2　源泉徴収税額の計算

利子等の金額に15.315％を乗じた金額が，源泉徴収すべき税額となります（所法213①三，復興財確法28①②）。

3　源泉徴収免除制度の適用

利子等については，非居住者及び外国法人に対する支払いについて源泉徴収免除制度の適用はありません。

図表2-12｜利子等の例

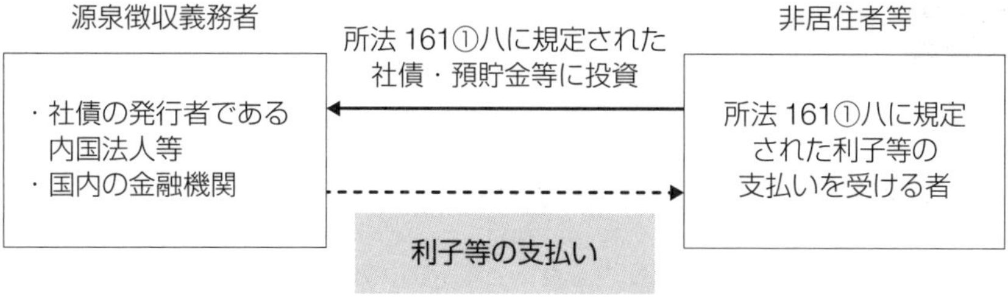

（注）網掛け部分が源泉徴収の必要な支払いです。

12 源泉徴収が必要な国内源泉所得⑥ 配当等

1　源泉徴収が必要な国内源泉所得

所得税法第24条第１項（配当所得）に規定する配当等のうち次に掲げるものは，国内源泉所得に該当するので，非居住者等に支払う際には源泉徴収をする必要があります（所法161①九，212①）。

① 内国法人から受ける第24条第１項に規定する剰余金の配当，利益の配当，剰余金の分配，金銭の分配又は基金利息

② 国内にある営業所に信託された投資信託（公社債投資信託及び公募公社債等運用投資信託を除く）又は特定受益証券発行信託の収益の分配

2　源泉徴収税額の計算

配当等の金額に20.42%を乗じた金額が源泉徴収すべき税額となります（所法213①一，復興財確法28①②）。

3　源泉徴収免除制度の適用

配当等については，非居住者及び外国法人に対する支払いについて，源泉徴収免除制度の適用はありません。

4　その他

配当等は，支払いの確定した日から１年を経過した日までにその支払いがされない場合には，その１年を経過した日においてその支払いがあったもの

とみなして源泉徴収することとされています（所法181②）。

この規定は，居住者への支払いに関する規定ですが，非居住者に対する支払いについても準用することとされています（所法212④）。

図表2-13｜配当等の例

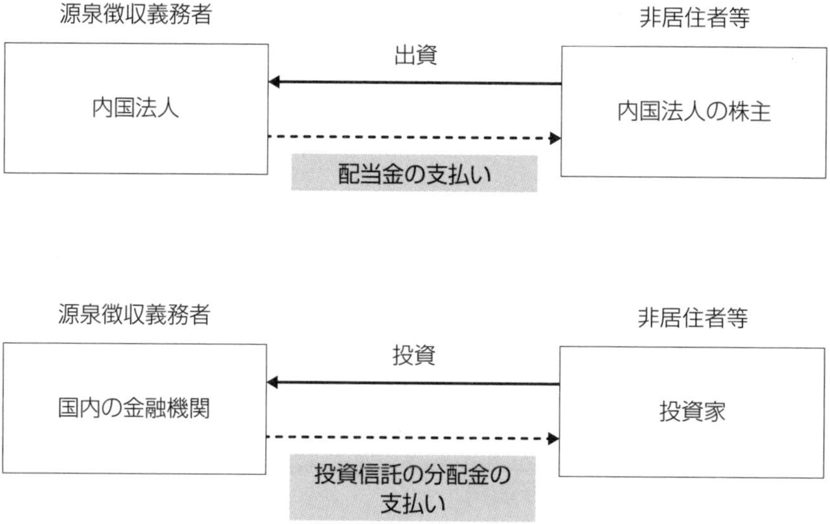

（注）網掛け部分が源泉徴収の必要な支払いです。

13 源泉徴収が必要な国内源泉所得⑦ 貸付金の利子

1　源泉徴収が必要な国内源泉所得

国内において業務を行う者に対する貸付金で当該業務に係るものの利子は国内源泉所得に該当するので，非居住者等に支払う際には源泉徴収をする必要があります（所法161①十，212①）。

2　源泉徴収税額の計算

貸付金の利子の金額に20.42%を乗じた金額が源泉徴収をすべき税額となります（所法213①一，復興財確法28①②）。

3　源泉徴収免除制度の適用

貸付金の利子については，非居住者及び外国法人について源泉徴収の免除制度の適用があるので，非居住者又は外国法人から有効な源泉徴収の免除証明書の提示があった場合には源泉徴収をする必要がありません（所法180①，214①）。

4　その他

源泉徴収の規定で，「支払の際」又は「支払をする際」の支払いには，現実に金銭を交付する行為のほか，元本に繰り入れ又は預金口座に振り替えるなどその支払いの債務が消滅する一切の行為が含まれるとされています（所基通181～223共-1）。

したがって，非居住者からの借入金の利息を元本に組み入れた場合や非居住者等に対して売掛金等がある場合に，借入金利息と相殺して差額を決済する場合も利息の支払いに該当します。

図表2-14｜貸付金の利子の例

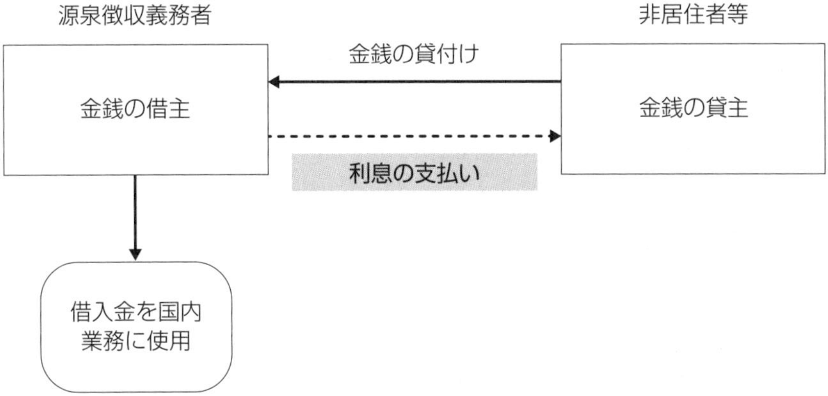

（注）網掛け部分が源泉徴収の必要な支払いです。

源泉徴収が必要な国内源泉所得⑧

14 使用料等

1 源泉徴収が必要な国内源泉所得

国内において業務を行う者から受ける次に掲げる使用料又は対価で当該業務に係るものは国内源泉所得に該当するので，非居住者等に支払う際には源泉徴収をする必要があります（所法161①十一，212①，所令284）。

① 工業所有権その他の技術に関する権利，特別の技術による生産方式若しくはこれらに準ずるものの使用料又はその譲渡による対価

② 著作権（出版権及び著作隣接権その他これに準ずるものを含む）の使用料又はその譲渡による対価

③ 機械，装置，車両及び運搬具，工具，器具，備品の使用料

2 源泉徴収税額の計算

使用料等の金額に20.42%を乗じた金額が，源泉徴収すべき税額となります（所法213①一，復興財確法28①②）。

3 源泉徴収免除制度の適用

使用料については，非居住者及び外国法人について源泉徴収の免除制度の適用があるので，非居住者又は外国法人から有効な源泉徴収の免除証明書の提示があった場合には源泉徴収をする必要がありません（非居住者については，所法204①一に掲げる報酬又は料金に該当するものを除く）（所法180①，214①）。

4　その他

1　使用料の意義（所基通161-35）

❶　工業所有権の使用料

工業所有権等の実施，使用，採用，提供若しくは伝授又は工業所有権等に係る実施権若しくは使用権の設定，許諾若しくはその譲渡の承諾につき支払いを受ける対価の一切です。

❷　著作権の使用料

著作物（著作権法第２条第１項第１号（定義）に規定する著作物をいう）の複製，上演，演奏，放送，展示，上映，翻訳，編曲，脚色，映画化その他著作物の利用又は出版権の設定につき支払いを受ける対価の一切です。

❸　使用料に含まれる対価

使用料には次の対価が含まれます。

①　契約を締結するにあたって支払いを受けるいわゆる頭金，権利金等

②　これらのものを提供し，又は伝授するために要する費用に充てるものとして支払いを受けるもの

2　工業所有権等の意義（所基通161-34）

❶　工業所有権に該当するもの

①　特許権，実用新案権，意匠権，商標権

②　生産その他業務に繰り返し使用し得るまでに形成された創作

③　特別の原料，処方，機械，器具，工程によるなど独自の考案又は方法を用いた生産についての方式，これに準ずる秘けつ，秘伝その他の特別に技術的価値を有する知識及び意匠等

④　ノウハウ，機械，設備等の設計及び図面等に化体された生産方式，デザイン

❷　工業所有権に該当しないもの

① 海外における技術の動向，製品の販路，特定の品目の生産高等の情報

② 機械，装置，原材料等の材質等の鑑定若しくは性能の調査，検査等

図表2-15｜使用料等の例

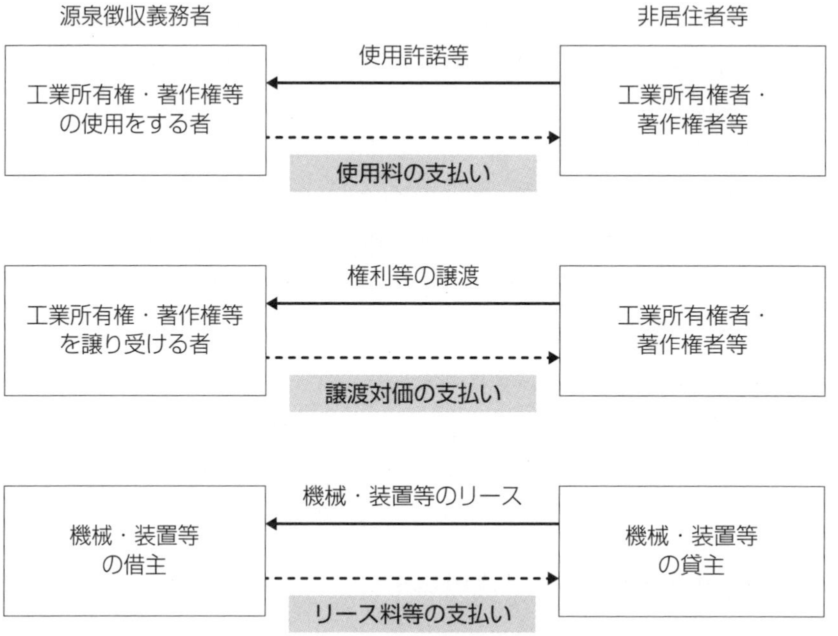

（注）網掛け部分が源泉徴収の必要な支払いです。

15 源泉徴収が必要な国内源泉所得⑨ 給与その他人的役務の提供に対する報酬，公的年金，退職手当等

1　源泉徴収が必要な国内源泉所得

次の①～③の所得は国内源泉所得に該当するので，非居住者に支払う際には源泉徴収をする必要があります（所法161①十二，212①，所令285）。

① 給与，報酬

イ　俸給，給料，賃金，歳費，賞与又はこれらの性質を有する給与その他人的役務提供に対する報酬のうち，国内において行う勤務その他の人的役務提供に基因するもの

ロ　内国法人の役員としての勤務で国外において行うもの（役員としての勤務を行う者が同時にその内国法人の使用人として常時勤務を行う場合のその役員としての勤務を除く）

ハ　居住者又は内国法人が運行する船舶又は航空機において行う勤務その他の人的役務の提供（国外における寄港地において行われる一時的な人的役務の提供を除く）

② 公的年金

所得税法第35条第３項（公的年金等の定義）に規定する公的年金等

③ 退職手当等

所得税法第30条第１項（退職所得）に規定する退職手当等のうちその支払いを受ける者が居住者であった期間に行った勤務その他の人的役務の提供（内国法人の役員として非居住者であった期間に行った勤務を含む）に基因するもの

2　源泉徴収税額の計算

給与，報酬及び退職手当等については支払金額に20.42％を乗じた金額が源泉徴収すべき税額となり，公的年金については支払金額から次の金額を控除した残額に20.42％を乗じた金額が源泉徴収すべき税額となります(所法169三，213①一イ，措法41の15の３③，復興財確法28①②)。

イ　年齢65歳未満の人が受ける年金：５万円(注)×年金の額に係る月数

ロ　年齢65歳以上の人が受ける年金：９万5,000円(注)×年金の額に係る月数

(注)令和２年１月１日以後に支払うべき年金から，イについては６万円から５万円に，ロについては10万円から９万5,000円に引き下げられました（平成30年度の税制改正)。

3　源泉徴収免除制度の適用

所得税法第161条1項12号イに掲げられた人的役務提供に関する報酬（給与に係る部分及び所得税法第204条第１項第5号に掲げられた人的役務提供に関する報酬又は料金に該当するものを除く）については，源泉徴収免除制度の適用がありますので，非居住者から有効な源泉徴収の免除証明書の提示があった場合には源泉徴収をする必要がありません(所法214①，所令332二)。

4　その他

本号は，非居住者個人が勤務，役務提供等を行ったことにより取得する所得が対象となります。したがって，外国法人が本号の所得を取得することはありません。

また，同じく人的役務提供を行う場合であっても，雇用関係，専属関係にある他人から派遣されたものである時は，６号の人的役務提供事業に該当し

ます。

図表2-16｜給与その他人的役務の提供に対する報酬，公的年金等，退職手当等の例

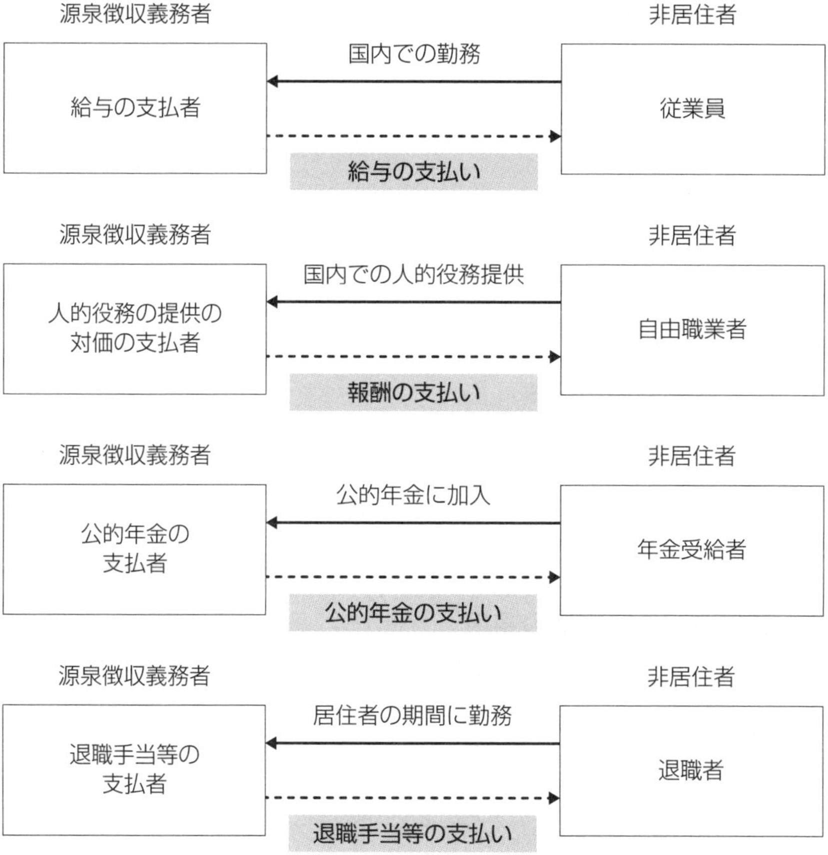

（注）網掛け部分が源泉徴収の必要な支払いです。

源泉徴収が必要な国内源泉所得⑩

16 事業の広告宣伝のための賞金

1　源泉徴収が必要な国内源泉所得

国内において事業を行う者から当該事業の広告宣伝のために賞として支払いを受ける金品その他の経済的な利益は国内源泉所得に該当するので，非居住者等に支払う際には源泉徴収をする必要があります（所法161①十三, 212①, 所令286）。

2　源泉徴収税額の計算

賞金から50万円を控除した金額に20.42%を乗じた金額が源泉徴収すべき税額となります（所法213①一ロ，復興財確法28①②）。

3　源泉徴収免除制度の適用

事業の広告宣伝のための賞金については，外国法人についてのみ源泉徴収免除制度の適用があります（所法180①）。

図表2-17｜事業の広告宣伝のための賞金の例

（注）網掛け部分が源泉徴収の必要な支払いです。

17 源泉徴収が必要な国内源泉所得⑪ 生命保険契約に基づく年金等

1　源泉徴収が必要な国内源泉所得

国内にある生命保険会社又は損害保険会社の営業所等を通じて締結した保険契約等に基づいて受ける年金等（所法161①十二ロ（公的年金）に該当するものを除く）は国内源泉所得に該当するので，非居住者等に支払う際には源泉源泉徴収をする必要があります（所法①十四，212①）。

2　源泉徴収税額の計算

年金の支払金額からその年金の額に対応する保険料（又は掛金）の額を控除した金額に20.42%を乗じた金額が源泉徴収すべき税額となります（所法213①一ハ，復興財確法28①②）。

3　源泉徴収免除制度の適用

非居住者及び外国法人について源泉徴収免除制度の適用があります（非居住者に対する25万円以上の支払いを除く）（所法180①，214①，所令332三）。

図表2-18｜生命保険契約に基づく年金等の例

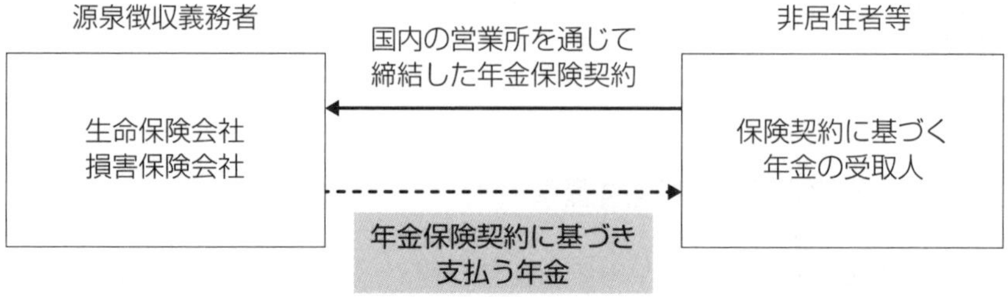

（注）網掛け部分が源泉徴収の必要な支払いです。

18 源泉徴収が必要な国内源泉所得⑫ 定期積金の給付補填金等

1　源泉徴収が必要な国内源泉所得

国内にある営業所が受け入れたもので次に掲げるものを非居住者等に対して支払った場合には源泉徴収が必要です（所法161①十五，212①，213①三）。

なお，税率は15.315％です。

①　定期積金契約に基づく給付補填金（注1）

②　銀行法第2条第4項の契約に基づく給付補填金（注1）

③　抵当証券の利息（注2）

④　貴金属等の売戻条件付売買による利益（注3）

⑤　外貨建て預貯金等の為替差益（注4）

⑥　一時払養老（又は損害）保険等の差益（注1）

（注1）支払金額から掛金の総額を控除した金額が源泉徴収の対象となります。

（注2）支払った金額が源泉徴収の対象となります。

（注3）売戻しの金額から買入れに要した金額が源泉徴収の対象となります。

（注4）為替差益の金額が源泉徴収の対象となります。

2　源泉徴収の免除制度の適用

定期積金の給付補填金については，居住者及び内国法人について源泉徴収の免除制度の適用はありません。

図表2-19｜定期積金の給付補填金等の例

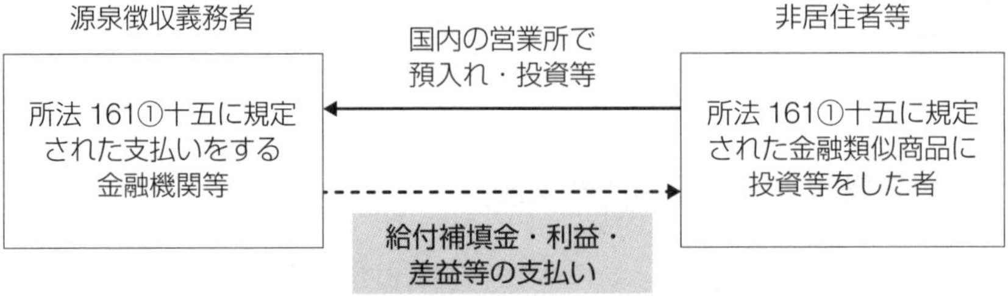

（注）網掛け部分が源泉徴収の必要な支払いです。

19 源泉徴収が必要な国内源泉所得⑬ 匿名組合契約に基づく利益の分配

1　源泉徴収が必要な国内源泉所得

匿名組合契約（国内において事業を行う者に対して出資したもの）に基づく利益の分配で非居住者等に対するものは源泉徴収が必要になります（所法161①十六，212①）。

2　源泉徴収税額の計算

匿名組合契約に基づく利益の分配の金額に20.42%を乗じた金額が源泉徴収すべき税額となります（所法213①一，復興財確法28①②）。

3　源泉徴収免除制度の適用

匿名組合契約に基づく利益の分配は，非居住者及び外国法人について源泉徴収免除制度の適用はありません。

図表2-20｜匿名組合契約に基づく利益の分配の例

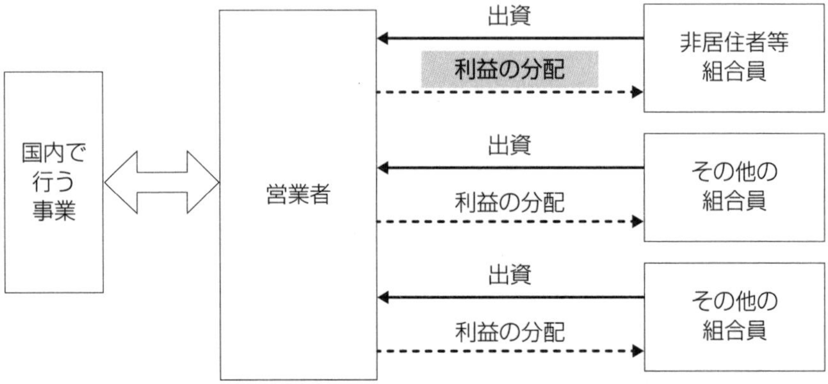

（注）網掛け部分が源泉徴収の必要な支払いです。

CHAPTER 3

租税条約の規定

1 租税条約の検討の前に

租税条約の検討の前に国内法での課税関係を検討する必要があります。

第２章に記載したとおり，支払った所得が源泉徴収が必要な国内源泉所得に該当するかを所得税法第212条第１項の４つの要件（①非居住者又は外国法人に対し，②国内において，③所得税法第161第４号から第16号（外国法人の場合は第12号を除く）の国内源泉所得を，④支払いの際）に当てはめて検討します。その際に，租税条約の適用を検討するために，次の点にも注意が必要です。

1　非居住者等の居住地国

国内法では，どこの国の居住者であっても一律に非居住者又は外国法人として同じ取扱いですが，租税条約では，租税条約の相手国によって適用する租税条約が異なりますので，支払先である非居住者又は外国法人の居住地国がどこかを確認します。

2　非居住者等の恒久的施設の有無

非居住者等が恒久的施設を有しているか，支払った所得が恒久的施設に帰属しているかを確認します。支払った所得が恒久的施設帰属所得であれば，租税条約ではなく，源泉徴収免除制度を適用します。

3　所得源泉地

所得源泉地については，租税条約で置き換えが行われる場合がありますので，所得源泉地が国内源泉所得の要件に該当しなくても租税条約の検討に進みます。例えば，「国外の工場で使用する特許権の使用料」は国内法では国内源泉所得に該当しませんが，租税条約によっては所得源泉地が置き換えられて，日本が所得源泉地となり源泉徴収が必要になります。

図表3-1｜租税条約検討までのフローチャート

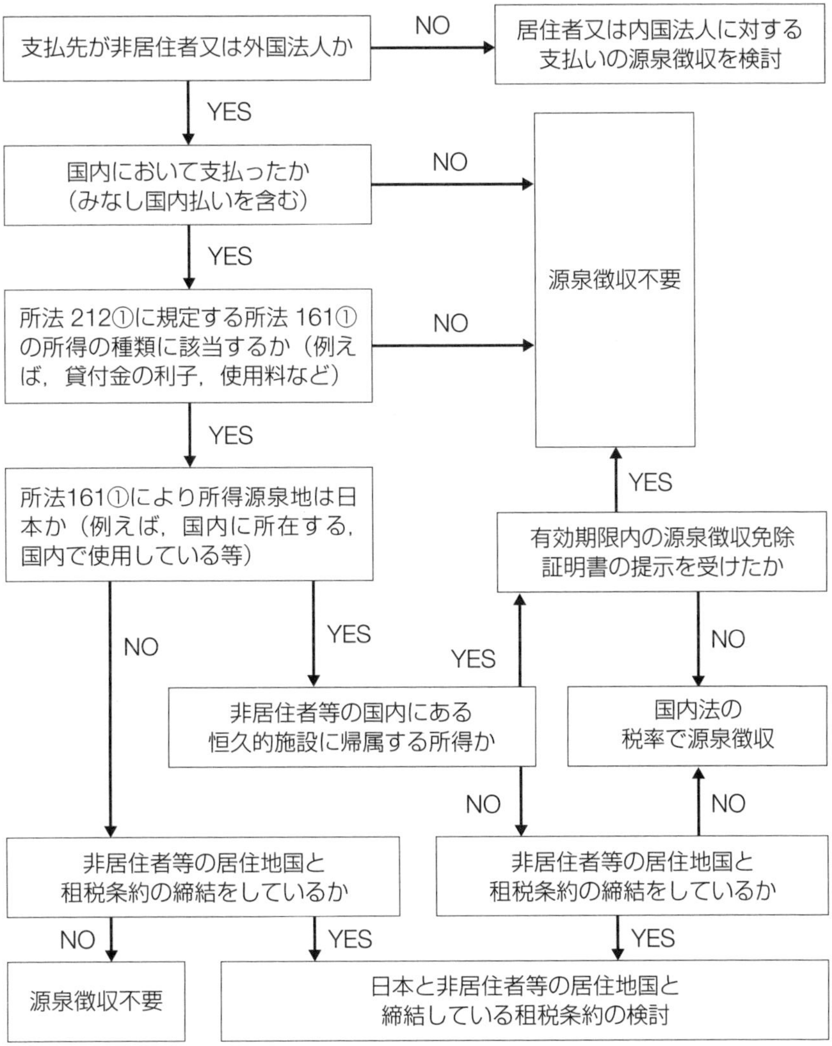

2 租税条約の適用

1　適用する租税条約の特定

国内法の検討の次に租税条約の検討をします。租税条約の規定は相手国によって異なりますので，非居住者等の居住地国を確認して適用する租税条約を特定します。

なお，租税条約の条文は財務省のホームページに掲載されている他，外務省のホームページの「条約データ検索」（トップページ＞外務省について＞国会提出条約・法律案＞条約＞条約データ検索）からも入手できます。

2　租税条約の検討内容

1　租税条約での修正事項の確認

適用する租税条約が特定されたら，支払った所得に対応する条項で，所得の定義，所得源泉地，限度税率等について所得税法と異なる箇所を確認します。

租税条約の規定が，国内法の規定と異なる場合は，租税条約の規定による税率で源泉徴収し（又は免税），国内法で課税ができることとされている場合は国内法の税率で源泉徴収をします。

2　特典条項の対象所得かの検討

租税条約によって租税が軽減又は免除される場合，その規定が特典条項に該当するかどうかを確認します。

特典条項は一部の条約に規定されている条項で，特典条項に規定された条項に基づく特典を享受できる者を，一定の要件を満たす居住者に限定していますので，非居住者等がその要件を満たしていないと租税条約の適用はできません。

特典条項のある租税条約では，概ね22条又はその前後に規定（「特典を受ける権利」，「特典の制限」）されています。

３　租税条約適用のために必要な書類の準備

租税条約により租税が軽減又は免除される場合，租税条約に関する届出書（特典条項に該当する場合は特典条項の付表及び非居住者等の居住者証明書）の提出が必要になりますので，添付書類を含めて必要書類を準備します。

租税条約によって租税の軽減・免除を受けるのは非居住者ですが，非居住者が日本の法令を解釈し，適切に届出書を提出することを期待するのは難しいので，多くの場合，源泉徴収義務者が必要書類の準備のサポートをすることになります。

４　租税条約に関する届出書の提出

租税条約に関する届出書は非居住者等が作成し，添付書類とともに最初にその所得の支払いを受ける日の前日までに，支払者を経由して支払者の納税地の所轄税務署長に提出します。租税条約に関する届出書の提出がされれば，租税条約の規定が軽減税率であれば軽減された税率で源泉徴収し，租税条約の規定が免除の場合は源泉徴収が不要となります。

3 租税条約の読み方①
一方の締約国と他方の締約国

租税条約は2国間で締結されています。例えば，日加租税条約は日本とカナダで締結されています。租税条約ではどちらかの国を特定する必要がある場合を除き，双方の国を「締約国」といいます。また，文脈によってどちらの国でも解釈できるように「一方の締約国（の居住者)」，「他方の締約国（の居住者)」等のように規定しています。

租税条約が読みにくい主な原因はここにあります。どちらが「一方の締約国」でどちらが「他方の締約国」なのかわからなくなってしまうのです。しかし，源泉徴収義務者にとっては，源泉地国及び支払者は日本（の居住者）で，非居住者の居住地国及び所得の受領者は相手国（の居住者）になります。これを踏まえて，一方の締約国と他方の締約国を実際の国名に置き換えて読むと読みやすくなります（以下，租税条約の条文を引用する場合，所得の支払者となる国に日本，所得の受領者となる国に相手国の国名をカッコ書で補足)。

例えば，日加租税条約12条（使用料）第1項，第2項の規定は次のとおりです。

日加租税条約第12条（抜粋）	要　約
1　一方の締約国（日本）において生じ，他方の締約国（カナダ）の居住者に支払われる使用料に対しては，当該他方の締約国（カナダ）において租税を課することができる。	第1項　日本で生じてカナダの居住者に支払われる使用料に対しては，カナダで課税できる。
2　1の使用料に対しては，当該使用料が生じた締約国（日本）においても当該締約国（日本）の法令に従って租税を課することができる。その租税の額は，当該使用料の10パーセントを超えないものとする。	第2項　第1項の使用料は，日本でも日本の法令に従って課税できる。その税率は使用料の10%を超えないものとする。

4　租税条約の読み方②　所得源泉地の置き換え

1　使用地主義と債務者主義

適用する租税条約で所得源泉地について国内法と異なる定めがされている場合には所得源泉地は租税条約の定めによります（所法162①，法法139①）。

例えば，非居住者に対して特許権の使用料を支払った場合，所得税法の規定では，その特許権を国内で使用した場合に使用料が国内源泉所得に該当しますが（所法161①十一イ），日加租税条約では，使用料の支払者が日本の居住者であれば，特許権の使用地にかかわらず日本が源泉地国となります（日加租税条約第12条第５項）。

所得税法第161条第１項（抜粋）	要　約
第11号　国内において業務を行う者から受ける次に掲げる使用料又は対価で当該業務に係るもの。 イ　工業所有権その他の技術に関する権利（の使用料）	第11号　国内業務で使用する次の使用料（は国内源泉所得に該当する） イ　工業所有権等の使用料

所得源泉地の置き換え
（使用地主義から債務者主義）

日加租税条約第12条（抜粋）	要　約
5　使用料は，その支払者が一方の締約国（日本）又は当該一方の締約国（日本）の地方政府，地方公共団体若しくは居住者である場合には，当該一方の締約国内（日本）において生じたものとされる。 （以下省略）	第５項　使用料は，支払者が，日本の国，地方公共団体，若しくは居住者である場合には，日本で生じたものとされる。 （以下省略）

国内法では，使用した場所が国内である場合に国内源泉所得となるため，使用地主義というのに対し，日加租税条約第12条のように，支払者の居住

地国が源泉地国になる規定を債務者主義といいます。

所得源泉地の置き換えによって，例えば，国外で使用した特許権の使用料を支払った場合のように，国内法では源泉徴収が必要ないのに，租税条約を適用することによって源泉徴収が必要となることがあります。このような場合に国内法を選択して源泉徴収を行わないということはできません。

図表3-2｜使用地主義と債務者主義

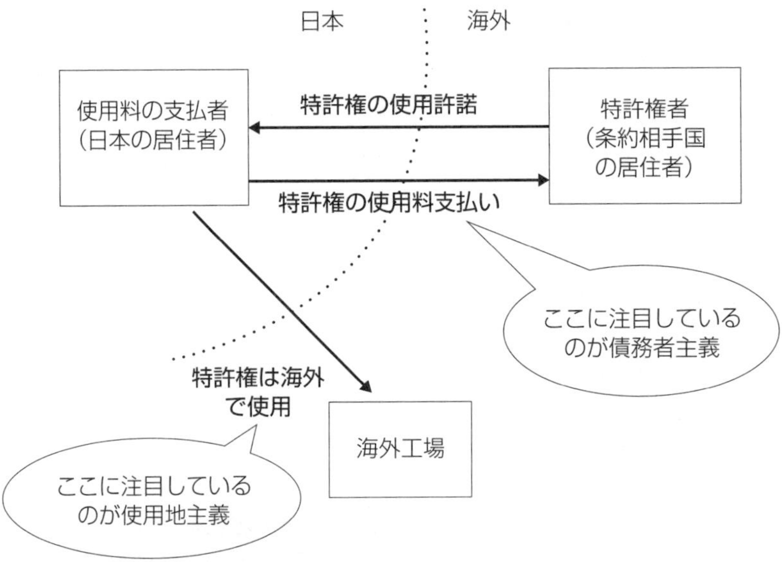

日本の居住者が海外で使用した特許権の使用料を非居住者等に支払った場合の源泉徴収の要否

区分	源泉地判定	源泉徴収の要否
所得税法	使用地主義	所得源泉地が日本でないので源泉徴収は不要
日加租税条約	債務者主義	所得源泉地が日本なので源泉徴収が必要

2　使用料に関する債務者主義の国と使用地主義の国

所得源泉地については，租税条約の相手国，所得の種類によって異なりますので，その都度確認する必要がありますが，使用料について，令和2年8月1日現在日本が締結している条約（発効予定条約を含む）の所得源泉地は次のとおりです。

なお，条約は頻繁に改定，新たに締結されていますので，実務で租税条約を適用する際には最新の租税条約を確認する必要があります。

区分	条約締結国
債務者主義を採っている条約締結国	下記以外（注）
使用地主義を採っている条約締結国	フィジー
特に規定を置かない条約締結国（国内法による使用地主義）	アイルランド，ガーンジー，ケイマン，サモア，ジャージー，スリランカ，パナマ，バハマ，バミューダ，英領バージン諸島，マカオ，マン島，リヒテンシュタイン
使用料について一律源泉地国免税とする条約締結国	アイスランド，アメリカ，イギリス，オーストリア，オランダ，スイス，スウェーデン，スペイン（新条約発効後），デンマーク，ドイツ，フランス，ベルギー，ラトビア，リトアニア，ロシア

（注）アルゼンチン（条約発効後），エクアドル（条約発効後），クロアチア（協定発効後），コロンビア（条約発効後）及び台湾（外国居住者等所得相互免除法による取扱い）を含みます（出典：「令和2年版　源泉徴収のあらまし」P304）。

5 租税条約の読み方③ 限度税率

1 限度税率の概要

源泉国際課税の実務で源泉徴収税率は重要な項目の一つです。

租税条約を適用すると所得の受益者は，源泉地国での租税が軽減されることがあります。所得の受益者に対する源泉地国での課税方法が源泉徴収である場合，源泉徴収税率が軽減されます。

日加租税条約第11条（利子）では次のとおり規定されています。

日加租税条約第11条（抜粋）	要　約
1　一方の締約国（日本）内において生じ，他方の締約国（カナダ）の居住者に支払われる利子に対しては，当該他方の締約国（カナダ）において租税を課することができる。	第１項　日本で生じてカナダの居住者に支払われる利子に対してはカナダで課税できる。
2　１の利子に対しては，当該利子が生じた締約国（日本）においても当該締約国（日本）の法令に従って租税を課することができる。その租税の額は，当該利子の受益者が，他方の契約国（カナダ）の居住者である場合には，当該利子の10パーセントを超えないものとする。	第２項　第１項の利子に対しては，日本でも日本の法令に従って課税できる。その税率は利子の受益者がカナダの居住者である場合には利子の10％を超えないものとする。

この条文によって，日本の国内源泉所得となる利子は，日本の法令に従って課税をすることができます。国内法では，非居住者に対する利子の支払いに対する課税方法は源泉徴収となっていますので，日加租税条約を適用した場合でも源泉徴収が必要になります。

ただし，その租税の額は，第２項で「当該使用料の10パーセントを超えないものとする」と規定されています。租税条約で「○パーセントを超えないものとする」という場合の○パーセントを限度税率といいます（実特法２五）。

そして，租税条約に限度税率の規定がある場合は，国内法で規定された税率にかかわらず，租税条約に定められた限度税率によることとされています。ただし，限度税率が国内法で規定された税率を超える場合は，国内法で規定された税率となります（実特法３の２①）。限度税率は，主に利子，配当，使用料で規定されています。

なお，租税条約に規定された限度税率を適用して，租税の軽減を受けるためには，租税条約に関する届出書等の提出が必要になります。

２　限度税率と復興特別所得税

1　復興特別所得税の税率

所得税の源泉徴収義務者は，2013年１月１日から2037年12月31日までの間に生じる所得について源泉所得税を徴収する際，復興特別所得税を併せて徴収し，源泉所得税の法定納期限までに，その復興特別所得税を源泉所得税と併せて国に納付しなければならないこととされています（復興財確法28①）。

復興特別税の税額は，納付すべき税額に2.1%の税率を乗じて計算した金額とされています（復興財確法28②）。

2　限度税率が適用される場合の復興特別所得税の取扱い

租税条約の適用により限度税率が適用され，その税率が国内法の税率より低くなる場合は復興特別所得税を併せて源泉徴収する必要はありません（復興財確法33⑨）。

6

租税条約の読み方④

免税となる場合

1　居住地国のみが課税できるため日本で免税となる場合（源泉地国免税）

租税条約を適用することによって，租税条約の相手国の居住者が日本で生じた国内源泉所得について，日本での租税を免除されることがあります。その場合，非居住者に対する国内源泉所得の支払いの際の源泉徴収は不要となります（実特法３の２②）。

租税が免除される場合の租税条約の条文は，限度税率の場合と規定の仕方が異なります。例えば，日米租税条約12条第１項（使用料）では次のとおり規定されています。

日米租税条約第12条（抜粋）	要　約
1　一方の締約国（日本）内において生じ，他方の締約国（米国）の居住者が受益者である使用料に対しては，当該他方の締約国（米国）においてのみ租税を課することができる。	第１項　日本で生じて，米国の居住者が受益者である使用料に対しては，米国においてのみ課税できる。（米国だけ課税できて日本では課税できないので免税となる）

非居住者に対して支払った所得について，適用される租税条約の該当条文がこのような規定であれば，国内源泉所得に対する源泉徴収は不要となります。これを源泉地国免税といいます。

ただし，租税条約を適用するためには，租税条約に関する届出書の提出が必要になります。また，特典条項に該当する場合には，租税条約に関する届出書に特典条項に関する付表及び非居住者等の居住者証明書の添付が必要となります。

2　その他

１の場合以外にも国内法の規定と異なり，租税条約において日本での租税が免除されるため源泉徴収が不要となることがあります。例えば，次のような国内源泉所得が該当しますが，租税条約は相手国によって取扱いが異なりますので，適用する租税条約の条文を確認する必要があります。

1　人的役務提供事業の対価（所法161①六）

多くの租税条約では，人的役務提供事業の対価について，事業所得としてとらえています。そのような条約の場合には，事業所得条項が適用され，人的役務提供事業が国内にある恒久的施設を通じて行ったものでなければ日本では課税されません。

ただし，同じく人的役務提供事業であっても，芸能人又は運動家の役務提供事業の対価については，国内の恒久的施設の有無に関わらず役務提供地国で課税できることとしている条約が多くあります。この場合は源泉徴収が必要になります。

また，租税条約の規定により免税とされる非居住者等が免税芸能法人等に該当する場合には，その免税芸能法人等が支払いを受ける芸能人等の役務提供事業の対価に対していったん所得税及び復興特別所得税の源泉徴収をする必要があります（実特法3①）。

2　自由職業者の報酬（所法161①十二イ）

自由職業者（例えば医師や弁護士など）については，多くの租税条約で人的役務提供事業と同様，事業所得してとらえられています。そのような条約の場合には，①自由職業者条項を適用，②自由職業者条項がない場合は事業所得条項の適用となり，国内にある恒久的施設を通じて行った活動でなければ日本では課税されません。

ただし，芸能人又は運動家等の場合には，多くの租税条約で，役務提供地国で課税できることされています。この場合は源泉徴収が必要になります。

3　特定の来日外国人に対する所得の支払いについての免税規定

多くの租税条約で，来日した外国人のうち，短期滞在者，学生・事業修習生等，教授，政府職員・外交官が一定の要件を満たした場合に租税が免除される規定があります。これについては，第５章来日外国人に関する源泉国際課税でその内容を説明しています。

7　両国間で課税上の取扱いが異なる事業体

1　両国間で課税上の取扱いが異なる事業体とは

米国には，LLC（エル・エル・シー，Limited Liability Companyの略，以下「米国LLCという）という事業体があります。日本では税務上米国LLCを外国法人として取り扱っていますので米国LLCを課税主体と認識します。一方米国では，米国LLCが事業体として課税主体となるか，構成員が課税主体となるかを選択することができます。

米国LLCが構成員での課税を選択した場合，日本では米国LLCを課税主体主体として取り扱いますが，米国では構成員が課税主体となりますので，両国間で課税上の取扱いが異なることになります。

なお，米国LLCが米国LLCでの課税を選択した場合，両国間での課税の取扱いは一致します。

図表3-3｜米国LLCが構成員課税を選択した場合の両国での課税上の取扱い

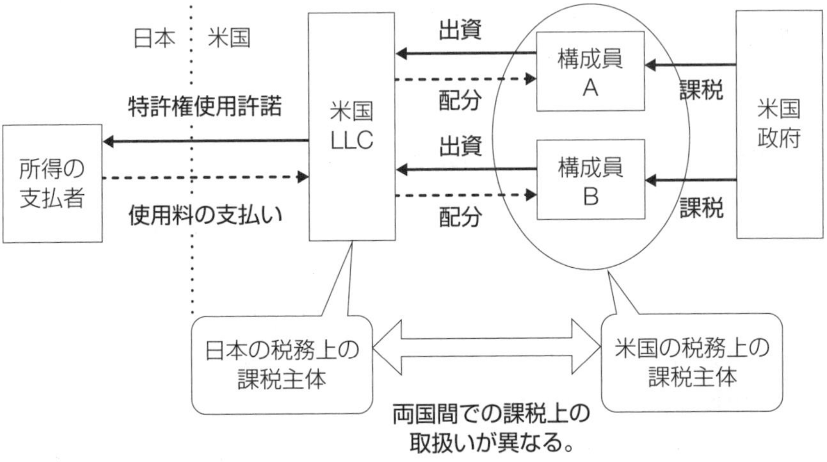

2　両国間で課税上の取扱いが異なる事業体についての租税条約での取扱い

1　米国租税条約の規定

米国LLCが構成員課税を選択した場合の課税関係については，日米租税条約第４条第６項に規定があります。

日米租税条約第4条（抜粋）	要　約
6　この条約の適用上 a）一方の締約国（日本）において取得される所得であって， （ｉ）他方の締約国（米国）において組織された団体を通じて取得され，かつ， （ⅱ）当該他方の締約国（米国）の租税に関する法令に基づき当該団体の受益者，構成員又は参加者の所得として取り扱われるもの に対しては，当該一方の締約国（日本）の租税に関する法令に基づき当該受益者，構成員又は参加者の所得として取り扱われるか否かにかかわらず，当該他方の締約国（米国）の居住者である当該受益者，構成員又は参加者（この条約に別に定める要件を満たすものに限る）の所得として取り扱われる部分についてのみ，この条約の特典（当該受益者，構成員又は参加者が直接に取得したものとした場合に認められる特典に限る）が与えられる。 （以下省略（注））	第6項　この条約の適用上 a）日本で生じた所得で， （ｉ）米国で設立した団体であるLLCを通じて取得し， かつ （ⅱ）米国の税務上，そのLLCの構成員の所得として取り扱われるもの に対しては，日本の税務上の取扱いにかかわらず，米国の居住者である構成員の所得として取り扱われる部分についてのみ，この条約の特典が与えられる。 （以下省略）

（注）第６項には，団体が組織された国，両国の課税の取扱い別に，５つの態様について日米租税条約での取扱いが規定されています。

2　米国LLCが構成員課税を選択した場合の租税条約の適用

米国LLCが構成員課税を選択した場合には，米国の居住者である構成員の所得として取り扱われる部分についてのみ，租税条約の適用ができます（他の要件を満たしている場合に限る）ので，米国の居住者以外の構成員の所得となる部分については，日米租税条約の適用ができません。

図表3-4｜米国LLCが構成員課税を選択している場合の日米租税条約の適用

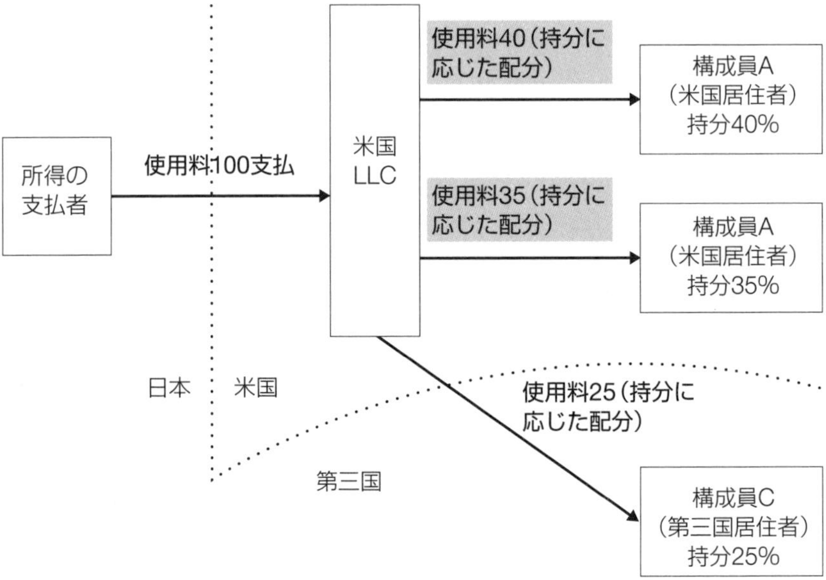

（注）網掛けが日米租税条約の適用対象となります。

3　租税条約の適用を受けるために提出が必要な書類

米国LLCが米国で構成員課税を選択している場合には，租税条約の適用を受けるために次の書類の提出が必要になります。

① 「租税条約に関する届出書」

② 米国LLCの構成員が課税を受けていることを明らかにする書類

③ 「外国法人の株主等の名簿［様式16］」

④ その租税条約の適用を受けることができる株主等がその外国法人の株主等であることを明らかにする書類

⑤ 租税条約の適用を受ける構成員の居住者証明書（相手国の権限ある当局が発行したもの）

⑥　租税条約の適用を受ける各構成員にかかる「特典条項に関する付表[様式17]」(その添付書類を含む)

4　第三国居住者についての取扱い

米国LLCが構成員課税を受けた場合，図表3-4の第三国居住者である構成員Cは日米租税条約の適用を受けることができませんが，日本と構成員Cの居住地国との間で租税条約が締結されていて,日米租税条約第４条６（C)（図表3-4のLLCに該当する事業体が第三国の団体である場合に米国居住者その持分について租税条約の特典が与えられる（その他の条件を満たしている場合）という規定）と同様の規定がある場合は，その国との租税条約の特典を与えられます。

5　LLC以外の両国間で課税上の取扱いが異なる事業体

両国間で課税上の取扱いが異なる事業体は，米国LLCに限るものではなく他にもいくつかの形態がありますが，現在の源泉国際課税の実務では，特に，米国LLCが構成員課税を選択している場合の取扱いに注意が必要です。

8 特典条項

1 特典条項とは

第三国居住者（租税条約の締約国以外の国の居住者）が形式的に締約国の居住者となることにより条約の特典を濫用することを防止するため，条約に基づく特典を享受できる者を，条約相手国の居住者のうち所定の要件を満たす居住者に限定している規定が特典条項です。特典条項は，2004年に発効した日米租税条約に初めて導入されました。毎年いくつかの租税条約が改正，締結されていますが，特典条項を導入する租税条約も多くなっています。

図表3-5｜特典条項の適用のイメージ

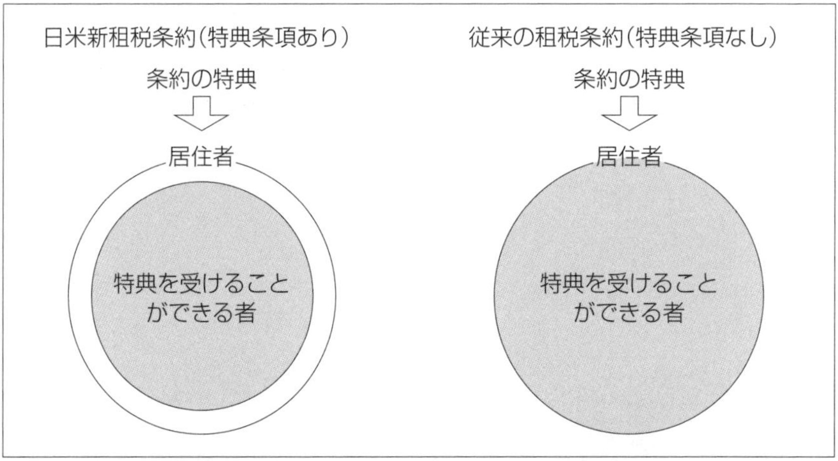

（出典：「源泉所得税の改正のあらまし」（日米新租税条約関係）平成16年６月国税庁より）

2　特典条項の対象となる所得

特典条項の対象となる所得は条約の相手国によって異なりますので，租税条約を適用する際には確認する必要があります。例えば，日米租税条約は全ての所得，日仏租税条約は，7条（事業所得），10条３（配当），11条３（利子），12条（使用料），13条（譲渡収益），22条（その他所得）となっています。

日米租税条約第22条（抜粋）	要　約
1　一方の締約国（米国）の居住者で他方の締約国（日本）において所得を取得するものは，この条約の特典を受けるために別に定める要件を満たし，かつ，次の（a）から（f）までに掲げる者のいずれかに該当する場合に限り，各課税年度において，この条約の特典（この条約の他の条の規定により締約国（米国）の居住者に対して認められる特典に限る。以下この条において同じ。）を受ける権利を有する。ただし，この条約の特典を受けることに関し，この条に別段の定めがある場合は，この限りでない。 （以下省略）	第１項　米国の居住者で日本において所得を取得するものは，日米租税条約の特典を受けるために(注)，別に定める要件を満たし，かつ次の（a）から（f）までに掲げる者のいずれかに該当する場合に限り，各課税年度において日米租税条約の特典を受ける権利を有する。 ただし，別段の定めがある場合にはこの限りでない。 （以下省略）

（注）条文が列挙されていないので，日米租税条約の全ての特典が対象となります。

日仏租税条約第22条のA（抜粋）	要　約
1　一方の締約国（フランス）の居住者であって他方の締約国（日本）において第7条，第10条3，第11条3，第12条，第13条又は前条に定める所得を取得するものは，2に規定する適格者に該当し，かつこれらの規定により認められる特典を受けるためにこれらの規定に規定する要件を満たす場合に限り，各課税年度において，これらの規定により認められる特典を受ける権利を有する。ただし，これらの規定により認められる特典を受けることに関し，この条に別段の定めがある場合は，この限りでない。	第１項　フランスの居住者で日本において第７条（事業所得），第10条３（配当），第11条３（利子），第12条（使用料），第13条（譲渡収益），第22条（その他所得）の所得を取得するものは，第2項に規定する適格者に該当し，特典を受けるためのその他の要件を満たす場合に限り，各課税年度においてこれらの規定により認められた特典を受ける権利を有する。 ただし，別段の定めがある場合にはこの限りでない。

9 特典条項の仕組み

特典条項は，各租税条約で特典を受ける権利がある者についての条件が定められていますので，適用する租税条約を確認する必要があります。

日米租税条約の特典条項の仕組みは「コンメンタール　改訂日米租税条約（浅川雅嗣　大蔵財務協会）では，図表3-6のように説明されています。

図表3-6｜日米租税条約における特典条項の仕組み

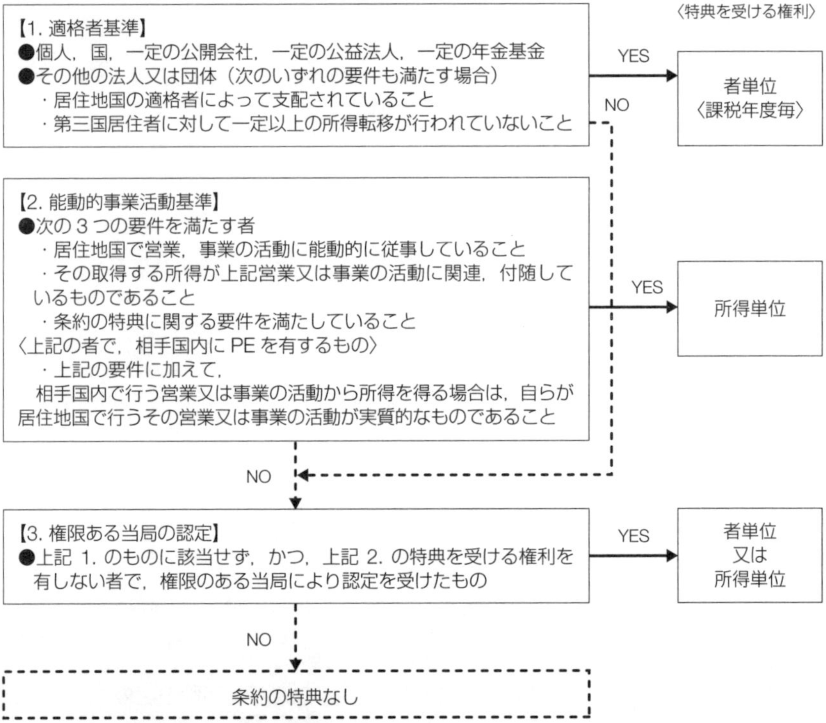

（出典：『コンメンタール　改訂日米租税条約（平成17年３月25日発行）』P191　浅川雅嗣　大蔵財務協会）

10 租税条約の減免を受けるために

1　租税条約に関する届出書の提出

源泉徴収の対象となる国内源泉所得の支払いを受ける非居住者等は，一定の所得について，租税条約の適用により日本での源泉徴収税額について軽減又は免除を受けることができます。この場合，次の要領で「租税条約に関する届出書」を提出する必要があります。

1　提出方法

非居住者等が，最初に国内源泉所得の支払いを受ける日の前日までに，国内源泉所得の支払者を経由して，国内源泉所得の支払者の所轄税務署長に提出（届出書は，国内源泉所得の支払者ごとに正副２部作成）します。

2　提出書類

支払内容に応じた「租税条約に関する届出書」を提出します。「租税条約に関する届出書」は，所得の種類に応じて様式が定められています。主な様式は図表3-7のとおりです。

図表3-7｜主な租税条約に関する届出書

租税条約に関する届出の様式番号	所得の種類
様式1	配当
様式2	利子
様式3	使用料
様式6	人的役務提供事業の対価
様式7	自由職業者・芸能人・運動家・短期滞在者の報酬・給与
様式8	教授等・留学生・事業等の修習者・交付金等の受領者の報酬・交付金等
様式9	退職年金・保険年金等
様式10	所得税法第161条第1項第7号から第11号まで，第13号，第15号又は第16号に掲げる所得

また，日台民間租税取決めにより租税条約と同様に，所定の手続を経ることで，軽減又は非課税(注)の適用を受けることができます。この場合，「租税条約に関する届出書」ではなく，「外国居住者等所得相互免除法に関する届出書」［様式１から様式８］を使用します。

(注) 日台取決めに規定された内容を日本国内で実施するための法律である「外国居住者等の所得に対する相互主義による所得税等の非課税等に関する法律」において租税の軽減又は非課税が規定されています。

2　租税条約に関する届出書の添付書類

租税条約には，各様式で定められた添付書類がありますので，租税条約に関する届出書に必要書類を添付します。

また，日本と相手国の間で課税上の取扱いが異なる事業体に該当する場合には，「外国法人の株主等の名簿兼相手国団体の構成員の名簿」［様式16］を添付し，特典条項に該当する場合は特典条項の付表と居住者証明書を添付(注)します。

(注) 居住者証明書は，税務署への届出書に添付することとなっていますが，源泉徴収義務者に提示をすれば（届出書に確認をした旨を記載が必要），添付を省略することができます。

なお，源泉徴収義務者は，居住者証明書の提示を受けた時にその写しを作成し，提示を受けた日から５年間国内にある事務所等に保存しておく必要があります。

また，提示する居住者証明書は，提示の日前１年以内に作成されたものに限ります（実特法省令９の10)。

３　租税条約に関する届出書の提出ができなかった場合

最初に国内源泉所得の支払いを受ける日の前日までに，租税条約に関する届出書が税務署長に提出されていない場合，支払者は，支払いの際に国内法に規定された税率で源泉徴収する必要があります。

ただし，非居住者等が，後日，租税条約に関する届出書（添付書類を含む）とともに「租税条約に関する源泉徴収税額の還付請求書」［様式11］を，国内源泉所得の支払者を通じて支払者の納税地の所轄税務署長に提出することにより，租税条約を適用した場合の源泉徴収税額と，源泉徴収済税額との差額の還付を請求することができます。

CHAPTER 4

海外勤務者に関する源泉国際課税

1 海外勤務者の居住者・非居住者の区分

1　海外勤務者の居住者・非居住者の判定

従業員等が人事異動等により海外勤務となって，その従業員等に対して海外勤務期間中に給与等を支払う場合にも居住者・非居住者の判定をする必要があります。

所得税法第２条では，国内に住所を有し，又は現在まで引き続いて１年以上居所を有する個人を居住者，それ以外の個人を非居住者と定義していますが，源泉国際課税の実務では，海外勤務者の居住者・非居住者の判定をする場合，所得税法施行令第15条第１項第１号及び所得税基本通達3-3に基づき，契約や人事異動の辞令等で定められた海外勤務による海外勤務地での在留期間が１年未満であることが明らかであると認められる場合は居住者，それ以外の場合は非居住者と判定します（所法２①三・五，３②，所令15①一，所基通3-3）。

図表4-1｜海外勤務による海外在留予定期間での居住者・非居住者の判定

区　分	勤務のための国外での在留期間等
居住者	国外での勤務による現地での在留期間が契約等によりあらかじめ１年未満であることが明らかな場合
非居住者	上記以外の場合

2　海外勤務の途中で海外勤務期間が変更となった場合

１年以上の海外勤務の予定で出国した者が，１年を経過する以前に海外勤務の期間が１年未満に短縮された場合，あるいは１年未満の海外勤務の予定で出国した者が，海外勤務中に海外勤務の期間が延長となり１年以上の海外勤務することとなった場合などは，事情の変更が生じたときに居住者，非居住者の再判定を行います。再判定による居住者，非居住者の区分は，海外勤務期間の変更後について適用するもので，出国時に遡って居住者，非居住者の区分が変更されることはありません。

図表4-2｜海外勤務期間に応じた居住者・非居住者の判定

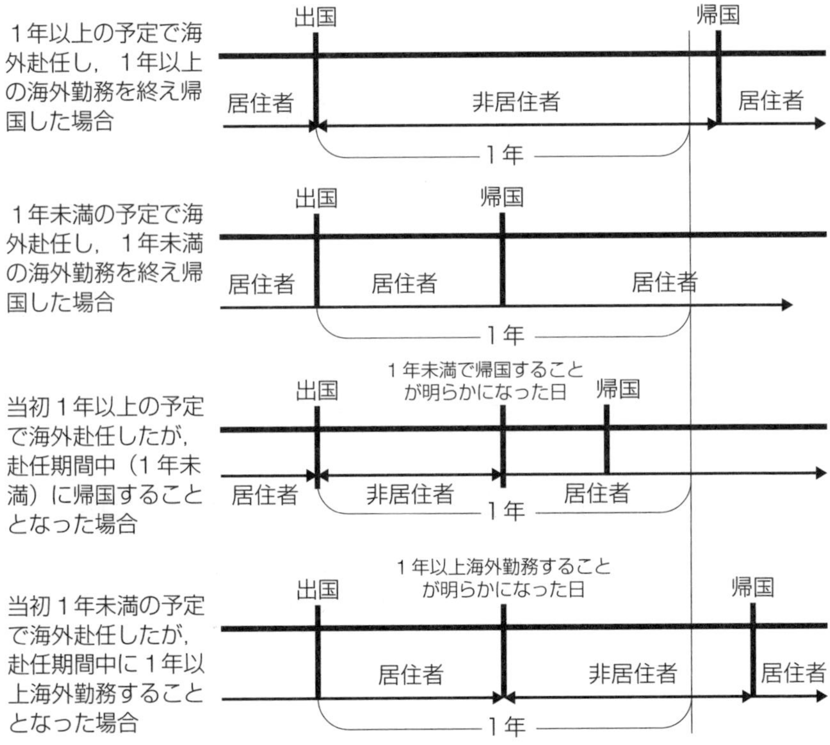

3　海外勤務者が非居住者となる日

1年以上の海外勤務の予定で出国した場合は，出国の日の翌日から非居住者になります。

海外勤務の辞令が2019年４月１日から２年間だったとしても，現地での事務引き継ぎや，準備等のため４月１日より前に出国することがあります。その場合は実際に出国したの日の翌日から非居住者になります。

図表4-3｜非居住者となる日

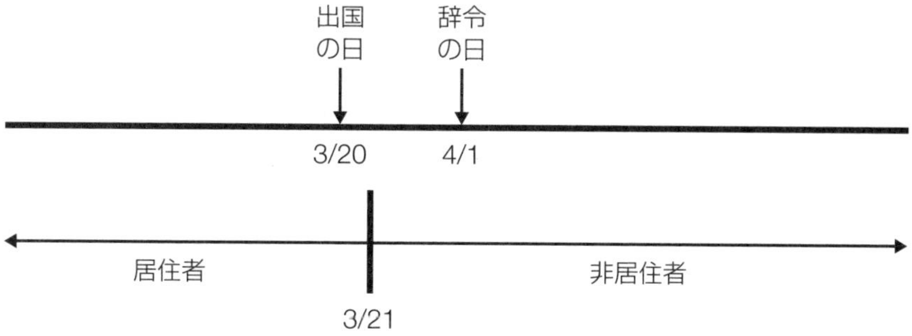

2 海外出国時の年末調整

1　年末調整が必要な海外勤務者

海外勤務となる従業員等が次の要件を満たした場合は，その従業員等が海外に出国する日までに年末調整をする必要があります（所法190，所基通190-1(2)）。

① 1年以上の予定で海外勤務することにより非居住者となる者であること

② 給与所得者の扶養控除等申告書を提出した居住者であること

③ その年中に支払うべきことが確定したした給与等の金額が2,000万円以下であること

2　海外出張者の年末調整

年末調整の対象となる給与及び各種保険料控除，扶養控除等の範囲は図表4-4のとおりです。

図表4-4｜出国時年調の対象範囲

区　分	対象となる範囲
給与等	出国の日までに支払いの確定した給与等
各種保険料等控除	居住者であった期間（出国する日まで）に支払われたもの
配偶者，扶養控除等	1　扶養親族等が生計を一にしていたか，親族関係にあったかどうかは出国の時の現況で判定 2　扶養親族等に該当するかどうかは，出国の時の現況により見積もったその年の1月1日から12月31日までの合計所得金額により判定 （所基通85-1）

3　出国後に支給した給与・賞与等

1　非居住者になった従業員に支払う給与の源泉徴収

１年以上の海外勤務のために出国した従業員は非居住者に該当します。非居住者になった従業員に対して支給した給与については，国内勤務に基因するものが国内源泉所得となり源泉徴収が必要になります（所法161①十二イ）。

図表4-5｜非居住者に該当する従業員に支払った給与の源泉徴収の要否

区　分	源泉徴収の要否
国内勤務分の給与等	国内源泉所得に該当し源泉徴収必要
国外勤務分の給与等	国内源泉所得に該当しないため源泉徴収不要

（注）国外勤務分とは，国外で勤務をしたことに基因する給与であり，国外勤務をしている期間中に支払った給与ではありません。

2　勤務等が国内及び国外の双方にわたって行われた場合の国内源泉所得の計算

１年以上の海外勤務予定で出国した場合，出国の日の翌日から非居住者になります。そして，海外に赴任後の現地での勤務に対する給与は国外勤務分となり源泉徴収は必要ありません。しかし，多くの場合海外赴任後最初に支払われた給与・賞与には国内勤務分と国外勤務分が含まれることになります。

例えば，2019年６月15日に２年間の海外支店に勤務のために出国した従業員の2019年６月分の給与を７月10日に支払ったり，計算期間が2019年４月１日から９月30日までの賞与を12月５日に支払った場合は，給与・賞与の期間に国内勤務に対応する期間と国外勤務に対応する期間が含まれます。

図表4-6｜出国後に支払われた国内勤務分と国外勤務分が含まれる賞与及び給与

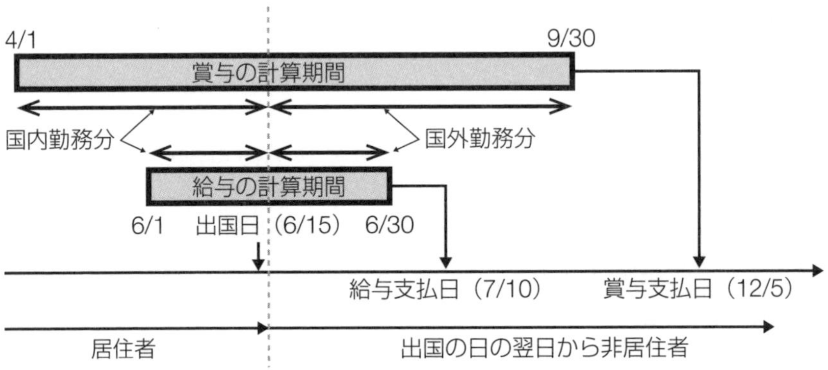

この場合は，次の計算式で国内源泉所得の金額を計算します（所基通161-41）。

ただし，給与については計算期間が1月以下であり，その給与等の全額が国内勤務に対応するものである場合を除き，給与の総額を国内源泉所得に該当しないものとすることができます（所基通212-5）。

$$\text{国内源泉所得の金額} = \text{給与又は賞与等の総額} \times \frac{\text{国内において行った勤務期間}}{\text{給与又は賞与の総額の計算の基礎となった期間}}$$

4 海外出向中の従業員に支給する永年勤続表彰の表彰金等

非居住者である従業員に対して，国内において行う勤務に基因する給与を支払った場合には国内源泉所得として源泉徴収が必要です。

勤務に対する給与だけでなく，例えば，永年勤続表彰にあたり表彰金を支給した場合でも，対象となる勤続期間に国内勤務分が含まれている場合には源泉徴収が必要となります。

例えば，国内で19年間勤務したのち海外勤務となり，非居住者のまま勤続20年を迎え20万円の表彰金が支給された場合，勤続20年のうち19年は国内勤務に基づく表彰金になります。そこで，次の算式によって非居住者に対する国内源泉所得に該当する給与の支払いとして20.42%の税率で源泉徴収をする必要があります。

$$\text{国内源泉所得の金額（19万円）} = \text{永年表彰の表彰金（20万円）} \times \frac{\text{国内において行った勤務期間（19年）}}{\text{表彰金の計算の基礎となった期間（20年）}}$$

また，給与所得の収入金額には，金銭の支給だけでなく，金銭以外の物又は権利その他経済的な利益（以下「経済的利益」という）も収入すべき金額に含まれます（所法36①）ので，非居住者である従業員に対して国内勤務に基因する経済的利益を供与した場合も源泉徴収が必要となります。

なお，役員に支払う経済的利益を含む役員報酬に対する国内源泉所得の計算は従業員の場合とは異なります。

5 非居住者役員の国内源泉所得

海外での勤務期間が１年以上の予定で海外勤務している従業員は，非居住者に該当し，国外勤務に基因する給与等は国内源泉所得に該当しないため源泉徴収の必要がありません。

しかし，内国法人の役員として非居住者期間に行った勤務は，国外において行う場合でも，国内源泉所得として20.42％の税率で源泉徴収をする必要があります。

ただし，当該役員としての勤務を行うものが同時に国外でその内国法人の使用人として常時勤務を行う場合（海外にある支店の長として常時その支店に勤務するような場合をいう）の当該役員としての勤務は国内源泉所得となりません（所法161①十二，所令285①一，所基通161-42）。

なお，日本が締結した租税条約に異なる取扱いがあれば，租税条約の取扱いが優先します。

図表4-7｜非居住者役員と非居住者従業員の給与等に対する課税

勤務の区分 ＼ 役職	国外勤務に基因		国内勤務に基因
	内国法人の使用人として常時勤務を行う場合（注）	その他の場合	
役員	源泉徴収不要	源泉徴収必要	源泉徴収必要
従業員	源泉徴収不要		

（注）「内国法人の使用人として常時勤務を行う場合」とは，内国法人の役員が内国法人の海外にある支店の長として常時その支店に勤務するような場合をいいます。

非居住者である内国法人の役員が，その内国法人の非常勤役員として海外において情報の提供，商取引の側面的援助等を行っているに過ぎない場合は，これに該当しません（所基通161-42）。

6　非居住者に支払う退職金

1　非居住者に対する国内源泉所得となる退職金の支払い

１年以上の海外勤務で非居住者となっている従業員等が退職し，退職金を支払った場合には，国内源泉所得に該当する部分の金額について20.42%の税率で源泉徴収する必要があります。

国内源泉所得に該当する退職金は，居住者として勤務した期間に対応する金額です（内国法人の役員として非居住者であった期間に行った勤務を含む）（所法161①十二ハ，所法212①，所令285③，所法213①一，復興財確法28①②）。

2　居住者として勤務した期間と非居住者として勤務した期間がある場合

従業員に対する退職金の支払いの計算期間が居住者として勤務した期間と非居住者として勤務した期間の双方にわたっている場合の国内源泉所得の金額は原則として次の算式により計算します（所基通161-41（注）２）。

【従業員の退職手当等の国内源泉所得の金額の計算（居住者期間と非居住者期間の按分）】

$$\text{国内源泉所得に該当する退職手当等の額} = \text{退職手当等の額} \times \frac{\text{居住者であった期間に行った勤務期間}^{(\text{注})}}{\text{退職手当等の総額の計算の基礎となった期間}}$$

（注）内国法人の役員として，非居住者であった期間に行った勤務を含みます。

3　非居住者で退職した場合と居住者で退職した場合の退職金課税

1　居住者に対する退職金課税と非居住者に対する退職金課税の違い

退職所得とは，退職により一時に受ける給与（以下「退職金」という）に係る所得です。居住者が退職金を受け取る場合，「長年の勤労に対する報償的給与として一時に支払われるものであることなどから，退職所得控除を設けたり，他の所得と分離して課税されるなど，税負担が軽くなるよう配慮されています。」（出典：国税庁ホームページパンフレット「暮らしの税情報」（令和元年度版）P11）。

一方，非居住者が退職金を受け取る場合は，受取金額のうち居住者であった期間に行った勤務等に係る金額の20.42%の税率となっています。

長年，居住者として勤務した従業員が居住者で退職する場合と非居住者で退職する場合では，退職金に課税される税金は大きく異なります。

2　非居住者で退職した従業員の源泉徴収税額の計算例

日本で28年間勤務した後に海外勤務となり，海外勤務２年後に非居住者のまま退職した従業員が12,000,000円の退職金を受け取った場合（図表4-8）の源泉徴収税額は次のとおりです。

【源泉徴収税額の計算】

国内源泉所得の金額　＝　12,000,000円　×　$\frac{28}{30}$　＝　11,200,000円

源泉徴収税額　＝　11,200,000円　×　20.42%　＝　2,287,040円

図表4-8｜非居住者で退職した従業員

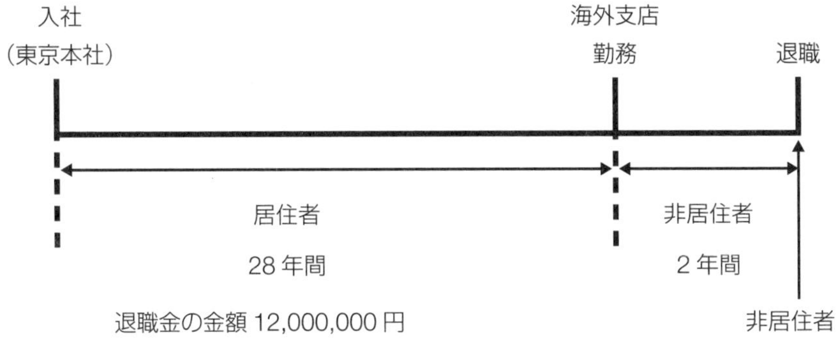

3　居住者で退職した従業員の源泉徴収税額の計算例

２年間の海外勤務を終え，国内勤務となり居住者で退職して退職金を受け取った場合（勤務期間，退職金の金額も同じ（図表4-9））の源泉徴収税額は次のとおりです。

退職所得の金額の計算 $= (12{,}000{,}000\text{円} - 15{,}000{,}000\text{円}^{(※)}) \times \dfrac{1}{2} = 0\text{円}$

※退職所得控除額＝800万円＋70万円×（30年－20年）

図表4-9｜居住者で退職した従業員

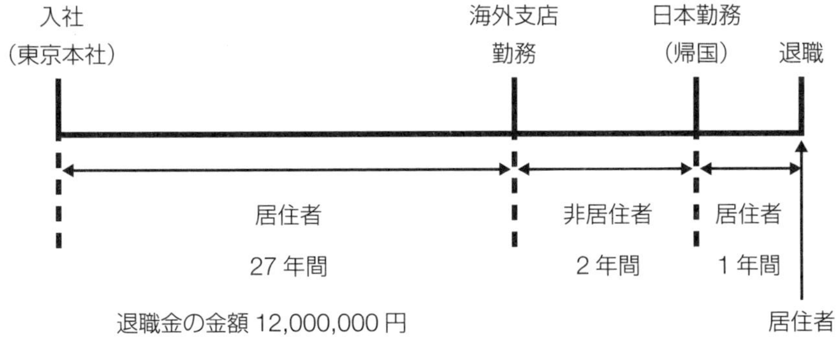

4　退職所得の選択課税

3❷と❸の例のように，従業員が会社に30年勤務し居住者として勤務した期間が28年，非居住者として勤務した期間が２年間という同じ条件であっても，退職時に非居住者であったか居住者であったかによって源泉徴収税額は全く異なります。このような不均衡を是正するために，退職所得の選択課税の制度があります（所法171）。

この制度では，退職手当等の支払いを受けた非居住者が，受け取った退職金について居住者であるとみなして所得税を計算することを選択できます。

非居住者は，退職所得を受けた翌年の１月１日（同日前に退職手当等の総額が確定した場合には，その確定した日）以後に，税務署長に対し，次に掲げる事項を記載した申告書を提出すればその差額の還付を受けることができます（所法173①）。

①　その年中に支給を受ける退職手当等の総額及び居住者として計算した場合の所得税の額

②　その年中に支払いを受ける退職手当等について徴収された又は徴収されるべき所得税の額

③　①から②を控除した金額

5　退職所得の選択課税の適用にあたって注意すべき事項

⑴　この制度は，所定の申告書を提出すれば還付を受けられることになっていますので，退職手当の支給時には非居住者として源泉徴収をする必要があります。

⑵　居住者であるとした場合の税額計算にあたっては，退職所得の収入金額を居住者として勤務した期間分も非居住者として勤務した期間分も含めた退職手当の総額とします。

7 海外勤務を終え，帰国後に支払った国外勤務に基因する給与等

1　海外勤務を終え，帰国後に支払った国外勤務分を含む給与等の支払い

１年以上の海外勤務期間が終了し，日本での勤務となった従業員は帰国後に居住者となります。

非居住者期間中は，支払った給与等が国外勤務に基因するものであれば源泉徴収の必要ありませんが，帰国後，居住者となってからは，国外勤務に起因する給与を支払っても源泉徴収の必要があります。したがって，出国後に支払った賞与のような按分計算を行わず，支払額全額が源泉徴収の対象となります。

海外勤務を終え，日本勤務となった従業員に対して，海外勤務時の給与や賞与を支払う時に，源泉徴収もれとなることがあります。間違える理由の多くは，①非居住者期間中に支払った国内払い給与が源泉不要であったこと，②国外勤務分の給与は，常に源泉徴収が不要であると思ってしまうこと，にあります。

居住者・非居住者の勤務地別の給与について源泉の要否をまとめたのが図表４-10です。

また，図表４-11は，勤務が国内及び国外の双方に渡って行われた場合の賞与について，海外勤務から帰国後に支払う場合と出国して非居住者になってから支払う場合の課税対象所得の比較です。

図表4-10｜居住者・非居住者と源泉の要否

居住者・非居住者	役員・従業員	国内勤務分給与等	国外勤務分給与等
居住者	従業員及び役員	要源泉	要源泉
非居住者	役員		要源泉(注)
	従業員		源泉不要

(注) 役員としての勤務を行う者が同時にその内国法人の使用人として常時勤務を行う場合の当該役員としての勤務に対する給与は源泉徴収が不要です（所令285①一）。

図表4-11｜海外勤務従業員の出国時と帰国時の賞与に対する課税の比較

1　海外勤務従業員が帰国後に居住者となってから賞与を支払った場合

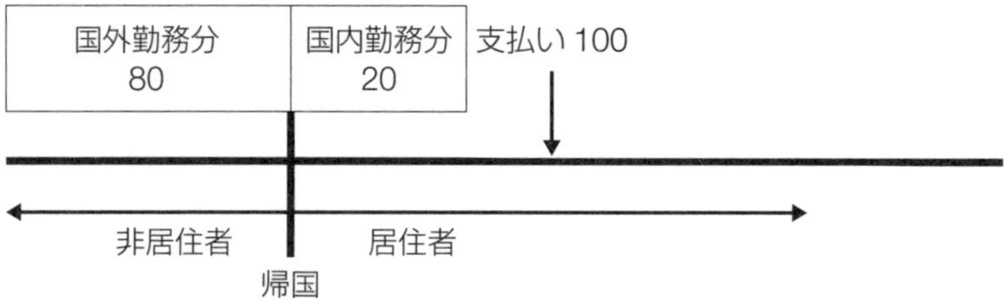

居住者は全世界所得課税なので，国外勤務分 80 を含めた支払い 100 に対して源泉徴収

2　従業員が出国後に非居住者となってから賞与を支払った場合

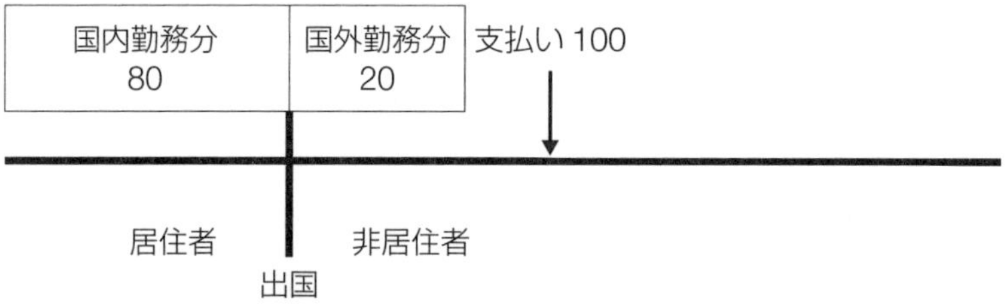

非居住者は国内勤務分が課税対象となるので，支払額 100 について国内勤務分 80 を按分計算して源泉徴収

2　帰国後に支払った現地所得税等の支払い

海外勤務となった従業員等の給与については，日本勤務の時の手取額を下回らないようにするため，赴任先での従業員の所得税を負担しているケースがあります。個人の所得税を会社が負担することは経済的利益に該当しますが，海外勤務に基因する所得ですから従業員が非居住者であれば源泉徴収の必要はありません。

ところが，海外赴任中の所得税が帰国後に確定して支払った場合は，従業員が居住者となっていますので源泉徴収が必要になります。

図表4-12｜非居住者と居住者に対する経済的利益の課税

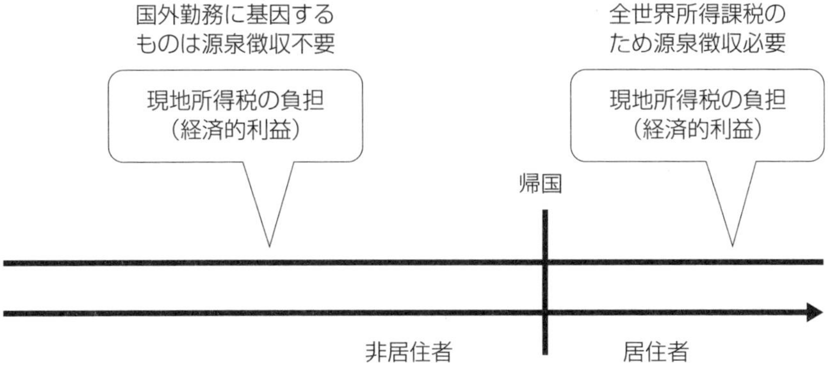

CHAPTER 5

来日外国人に関する源泉国際課税

1　来日外国人に対する給与・報酬の源泉徴収の概要

1　所得税法の規定

来日した外国人に給与・報酬を支払う場合も居住者と非居住者の区分をします。来日した外国人が非居住者に該当する場合，国内勤務に基因する給与等，又は国内で行う人的役務提供の報酬には20.42%の税率で源泉徴収が必要となります（所161①十二イ，所法212①，所法213①一，復興財確法28①，②）。

2　租税条約の規定

一定の来日外国人に対しては，多くの租税条約で国内法の規定と異なる定めがあります。

図表5-1は，租税条約で一般的に規定されている来日外国人に関する規定の概要です。租税条約の規定は，租税条約の相手国によって異なりますので，租税条約の適用にあたっては，適用する租税条約の条文で，国内法と異なる定めの有無及びその内容を確認してください。

図表5-1｜来日外国人に関する租税条約の概要

区分	租税条約の規定	概　　要
給与所得	短期滞在者	給与は役務提供を行う国（以下「滞在地国」という）と居住地国で課税できますので二重課税となります。短期の出張でも二重課税が発生すると人的交流を阻害しますので，滞在地国での滞在が183日以下で一定の要件を満たす場合には滞在地国での租税を免除する規定です。
	学生・事業修習生等	教育や訓練を受けるために滞在している学生，事業修習生等の得る給付・所得について，国際間の人的交流の促進及び通常の勤務とは異なることから一定の条件を満たした所得については滞在地国で租税を免除する規定です。
	教授	国際間の学術，文化交流を促進する見地から，一定の条件のもとに滞在地国で教授の受け取る報酬に対する租税を免除する規定です。
	政府職員・外交官	所得税法では，一定の要件を満たした外国の政府職員等の給与等は非課税とされています（所法9①八）が，租税条約でも同様の取扱いとなっています。
自由職業者所得	事業所得 自由職業所得	租税条約の多くでは，自由職業者の所得を事業所得に準じて取り扱い，国内に恒久的施設があって，恒久的施設に帰せられる所得だけを源泉地国での課税対象としています。 この場合，適用される租税条約の条文は，自由職業所得条項又は事業所得条項です。 なお，自由職業所得を給与所得と同様短期滞在の場合に源泉地国の租税を免除している条約もあります。
	芸能人及び運動家	芸能人及び職業運動家（俳優，音楽家等の芸能人及び職業運動家）は，海外で短期間に高額の報酬を得ますが，これを居住地国で把握することが困難な場合も多いため，多くの条約で，事業所得条項，自由職業所得条項，短期滞在者免税の適用はなく，役務提供地国で課税できることとされていますが，文化交流活動の場合には免税となる等の条約もあります。

（注）租税条約は相手国によって異なりますので，租税条約によっては該当する規定がないものもあります。
また，規定があっても，相手国が異なれば租税条約の規定も異なりますので，適用する租税条約の条文を確認してください。

2　短期滞在者免税

1　短期滞在者免税の概要

来日外国人が日本での勤務に基因する給与を得た場合，源泉地国である日本で課税を受け，さらにその外国人の居住地国でも課税を受けます。

その結果, 日本で確定申告が必要になったり二重課税となったりしますが, 二重課税の排除は，必ずしも全額できるとも限りませんし，手間もかかります。短期の海外出張等の都度，二重課税が発生するとなると円滑な人的交流が阻害されます。そこで, 多くの租税条約では, 一定の条件を満たす短期(183日以内）の滞在の場合は，源泉地国で免税とする規定があります。これを短期滞在者免税といいます。

2　短期滞在者免税が適用できる要件

多くの租税条約で短期滞在者免税が適用できる要件は，次の３つとなっています（滞在地国が日本の場合)。

①　日本での滞在日数が183日を超えないこと

②　給与等の支払者が日本の居住者ではないこと

③　給与等を日本の恒久的施設等が負担（課税所得の計算上損金の額に算入）していないこと

1　日本での滞在が183日を超えないこと

租税条約によって，183日の計算の仕方が２通りありますので，適用する租税条約で確認する必要があります。

なお，183日の計算にあたっての出国日と帰国日の取扱いについては，「短期滞在者免税における滞在期間は物理的な滞在日数の合計によるべきものと解されており，その滞在期間の合計が183日を超えるかどうかは，入出国の日のいずれも加えて判定することとなります」と説明されています（国税庁ホームページ　ホーム＞法令等＞質疑応答事例＞源泉所得税＞短期滞在者免税の要件である滞在日数の計算）。

❶　183日の計算方法１（暦年（課税年度）での計算）

日ベトナム租税条約で183日の滞在日数の計算は，暦年で183日を超えないこととされています。

日ベトナム租税条約15条（抜粋）	要　約
2　1の規定にかかわらず，一方の締約国（ベトナム）の居住者が他方の締約国（日本）内において行う勤務について取得する報酬に対しては，次の(a)から(c)までに掲げることを条件として，当該一方の締約国（ベトナム）においてのみ租税を課することができる。 (a)　報酬の受領者が当該暦年を通じて合計183日を超えない期間当該他方の締約国内（日本）に滞在すること (b)　報酬が当該他方の締約国（日本）の居住者でない雇用者又はこれに代わる者から支払われるものであること (c)　報酬が雇用者の当該他方の締約国（日本）内に有する恒久的施設又は固定的施設によって負担されるものでないこと	第2項　第１項の規定（第16条役員報酬，第18条退職金，第19条政府職員の規定が適用される場合を除き，日本で勤務した場合は日本でも課税ができる）にかかわらず，(a)から(c)の要件を満たした場合は，日本では免税となる。 (a)　給与等の受領者の日本での滞在期間が暦年で計183日を超えないこと (b)　給与等を支払う雇用者が日本の居住者でないこと (c)　給与等が日本にある恒久的施設又は固定的施設によつて負担されていないこと

図表5-2は，日本での滞在日数（暦年での計算）の表です。

例１では，2018年10月１日から2019年４月30日まで滞在しました。通算212日の滞在ですが，暦年では，2018年が92日，2018年が120日と両年とも183日を超えていません。

例２では，2018年は２度来日して，通算184日滞在しています。したがって，2018年は183日を超えています。なお，2019年は61日で183日を超えていません。

図表5-2｜歴年での183日の計算

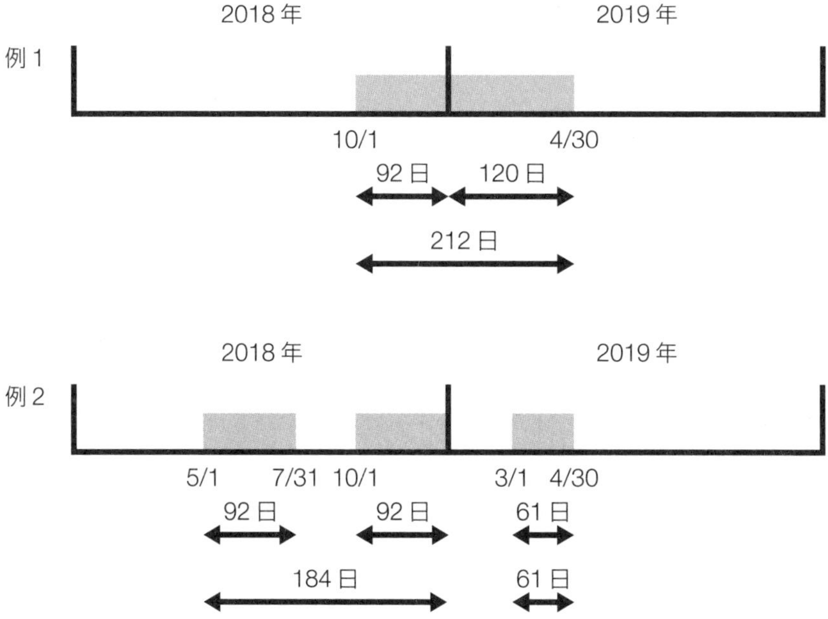

❷　183日の計算方法２（継続する12カ月の計算）

日米租税条約では，183日の計算基準について「当該課税年度において開始又は終了するいずれの12カ月（以下「継続する12カ月」という）の期間においても，報酬の受領者が当該他方の締約国（日本）内に滞在する期間が合計183日を超えないこと」と規定されています。

日米租税条約14条（抜粋）	要　約
2　1の規定にかかわらず，一方の締約国（米国）の居住者が他方の締約国（日本）内において行う勤務について取得する報酬に対しては，次の(a)から(c)までに掲げる要件を満たす場合には，当該一方の締約国（米国）においてのみ租税を課することができる。 (a)　当該課税年度において開始又は終了するいずれの12箇月の期間においても，報酬の受領者が当該他方の締約国（日本）内に滞在する期間が合計183日を超えないこと (b)　報酬が当該他方の締約国（日本）の居住者でない雇用者又はこれに代わる者から支払われるものであること (c)　報酬が雇用者の当該他方の締約国（日本）内に有する恒久的施設によって負担されるものでないこと	第2項　第1項の規定（第15条役員報酬，第17条年金等，第18条政府職員の規定以外では，役務提供地が日本である場合の給料は日本で課税される）にかかわらず，次の(a)から(c)の要件を満たす場合は，米国でのみ租税を課することができる。 (a)　継続するいずれの12カ月の期間においても，給与等の受領者が日本に滞在する期間が合計183日を超えないこと (b)　給与等を支払う雇用者が日本の居住者でないこと (c)　給与等が日本にある恒久的施設又は固定的施設によって負担されていないこと

図表5-3の例３は，図表5-2の例１と滞在期間が同じです。暦年基準では，2018年，2019年ともに183日以内となりますが，当該課税年度において開始又は終了するいずれの12カ月の期間での計算では，2018年10月１日から2019年４月30日までで滞在日数が212日となり，短期滞在者免税の規定が適用できません。

図表5-3｜継続する12カ月での183日の計算1

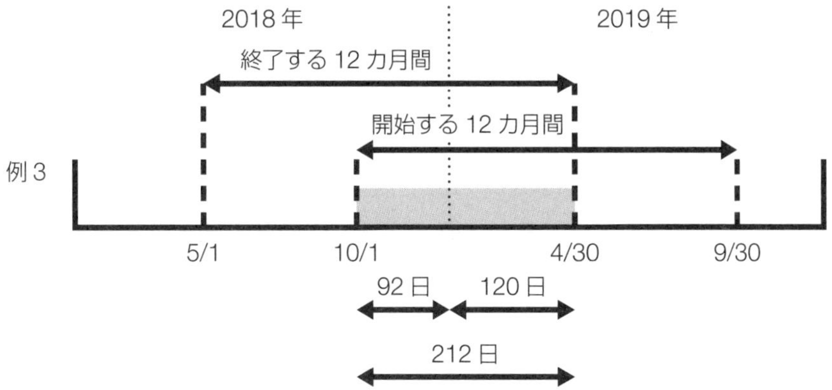

図表5-4の例4は，図表5-2の例2と滞在期間が同じです。暦年基準では，2018年が184日で，2019年が61日となりますが，継続する12カ月の計算では，2018年5月1日から2019年4月30日までの12カ月に245日の計算になります。

図表5-4｜継続する12カ月での183日の計算2

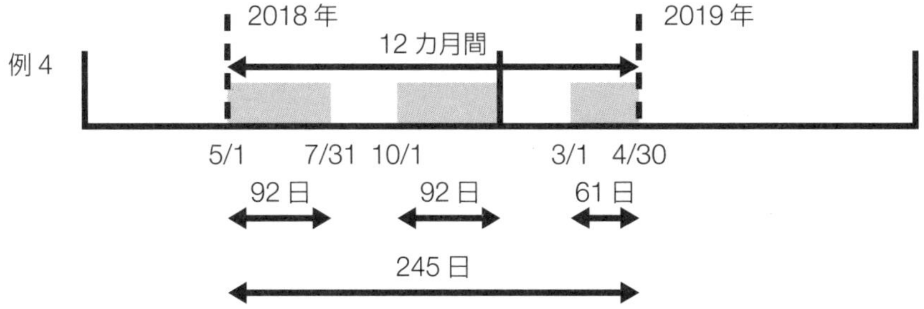

3　183日の基準と居住者・非居住者の判定

租税条約での183日という基準（183日ルールという）は，所得税法での居住者と非居住者の判定を変更するものではありません。したがって，日本での滞在期間が183日を超えたからといって非居住者から居住者に納税義務者の区分が変更されることはなく，183日以内の滞在の場合一定の要件を満たせば，非居住者の日本での勤務に基因する給与の課税が滞在国である日本で免除されるに過ぎません。

4　租税条約に関する届出書の提出

租税条約による租税の免除を受けるためには，「租税条約に関する届出（自由職業者・芸能人・運動家・短期滞在者の報酬・給与に対する所得税及び復興特別所得税の免除）」［様式７］（特典条項に該当する場合は「特典条項の付表［様式17]」）と必要な添付書類を提出する必要があります。

3　学生・事業修習者

1　学生・事業修習者に関する租税条約の内容

一部の租税条約では，教育若しくは訓練を受けるため又は特別の技術的経験を習得するため日本に滞在する学生，事業修習者で，現に相手国の居住者であるもの又はその滞在の直前に相手国の居住者であったものがその生計，教育又は訓練のために受け取る給付又は所得については，日本の租税が免除されます。免除される給付，所得の種類や範囲は租税条約によって異なりますので，適用する租税条約を確認する必要があります。

2　学生・事業修習者の定義

学生については，実特法省令第８条第１項に学校教育法第１条に規定する学校（注1）の学生，生徒又は児童と定義されています。事業修習者については国内法にも租税条約にも定義されていないものの，「源泉徴収のあらまし」（国税庁　令和２年版　P311）において，事業修習者は，「職業上又は事業上の知識又は技能をほとんど有しない見習い者」，事業習得者（注2）は，「ある程度の知識を有する者で，他企業から技術上又は職業上の経験を習得するために相手国を訪れる」者と説明されています。

（注1）学校教育法１条では，「学校とは，幼稚園，小学校，中学校，義務教育学校，高等学校，中等教育学校，特別支援学校，大学及び高等専門学校とする」と定められています。したがって，これに該当しない学校（例えば日本語学校等）の学生は，租税条約の規定による租税の免除を受けることができません。

（注2）事業習得者についても，一定の制限のもとに免税としている条約が一部ありますが，多くの条約で学生と並べて規定されている事業修習者とは別のものです。

3　留学生の居住者・非居住者の判定

国内に継続して１年以上居住することを通常必要とする職業を有する場合には，国内に住所を有する者と推定しますが（所令14①一），学術・技芸の習得のために国内に居住することとなった者の住所は，その習得のために居住する期間その居住する地に職業を有するものとして所得税法施行令第14条第１項の規定により推定することとされています（所基通3-2）。

したがって，学業の習得のために日本に１年以上日本に居住する場合は，来日の時から居住者になります。

4　租税条約の適用対象者

租税条約は，原則として非居住者（相手国の居住者）が日本が所得源泉地となる所得を得た場合に日本での租税が軽減又は免除される規定になっています。しかし，留学生，事業修習生については，直前に相手国の居住者であった者も租税条約の特典を受けられる規定になっていますので，日本の居住者（相手国の非居住者）であっても適用する租税条約に規定された免税に必要なその他の条件を満たす場合には，免税の適用ができます。この場合，日本に来日する直前に居住者であった国との租税条約が適用されます。

例えば，中国から来日して日本の４年生の大学に入学した場合，学術の習得のために居住する期間が１年以上となるので，日本の居住者に該当しますが，来日直前は中国の居住者であったので，日中租税条約が適用されます。

5　租税条約の規定

学生，事業修習生についての課税の取扱いは，例えば，日中租税条約では，日本で受け取る所得が，生計・教育又は訓練のためであれば免税，日韓租税条約では金額，期間の制限があるが免税，日ベトナム租税条約では，日本で受け取るものは免税にならない，のように国によって異なります。

6　租税条約に関する届出書の提出

租税条約による租税の免除を受けるためには,「租税条約に関する届出（教授等・留学生・事業等の修習者・交付金等の受領者の報酬・交付金等に対する所得税及び復興特別所得税の免除）［様式８］」（特典条項に該当する場合は「特典条項の付表」［様式17］）と必要な添付書類を提出する必要があります。

なお，留学生である場合は，その者が在学する学校の発行する在学証明書，事業等の修習者である場合は，その者が訓練を受ける施設又は事業所の発行するその者が事業等の修習者であることを証明する書類の添付が必要です。

【日中租税条約（生計，教育・訓練のために受け取る給付は免税）】

日中租税条約21条	要　約
専ら教育若しくは訓練を受けるため又は特別の技術的経験を習得するため一方の締約国（日本）内に滞在する学生，事業修習者又は研修員であって，現に他方の締約国（中国）の居住者であるもの又はその滞在の直前に他方の締約国（中国）の居住者であったものがその生計，教育又は訓練のために受け取る給付又は所得については，当該一方の締約国（日本）の租税を免除する。	専ら教育若しくは訓練を受けるために日本に滞在する学生，事業修習者等で，中国の居住者又は来日の直前に中国の居住者であった者が，教育又は訓練のために受け取る給付又は所得は免税とする。

One Point　「外国人雇用状況」の届出義務

外国人（留学生アルバイトを含む）の雇入れ又は離職の際には，厚生労働大臣（ハローワーク）へ届出の義務があります（無届け，虚偽の届出には罰則）ので注意してください（労働施策総合推進法28①，40①二）。

届出書の様式は，ハローワーク又は厚生労働省のホームページから入手できます。

【日韓租税条約（免税となる金額，期間制限あり）】

日韓租税条約20条	要　　約
1　専ら教育又は訓練を受けるため一方の締約国（日本）内に滞在する学生又は事業修習者であって，現に他方の締約国（韓国）の居住者であるもの又はその滞在の直前に他方の締約国（韓国）の居住者であったものが，その生計，教育または訓練のために受け取る給付については，当該一方の締約国（日本）の租税を免除する。ただし，当該給付が一方の締約国（日本）外から支払われるものである場合に限る。	1項　専ら教育を受けるために日本に滞在している学生又は事業修習生で，韓国居住者であるもの又は来日直前に韓国居住者であったものは，日本以外から支払われた生計，教育，訓練のために受け取る給付を免税とする。
2　1に規定する学生は，交付金，奨学金及び勤務による報酬であって現に滞在している一方の締約国（日本）に源泉のあるものについても，当該交付金，奨学金及び勤務による報酬の額の合計が年間2万合衆国ドルまたは日本円若しくは韓国ウォンによるその相当額を超えない場合には，当該一方の締約国（日本）において租税を免除される。ただし，その者は，いかなる場合にも，継続する5年を超える期間当該免除を受けることはできない。	2項　1項に規定する学生は，日本に源泉があるものについても，交付金，奨学金，勤務の報酬等の額の合計額が，合計2万米ドル（日本円又は韓国ウォンでの相当額を含む）を超えない場合は免税とする。 ただし，継続して5年を超える期間免除を受けることはできない。
3　1に規定する事業修習生は，1年を超えない期間現に滞在している一方の締約国（日本）において訓練に関連する実務上の経験を習得するために行う勤務から取得する報酬についても，当該報酬の額が年間1万合衆国ドル又は日本円若しくは韓国ウォンによるその相当額を超えない場合には，当該一方の締約国（日本）において租税を免除される。	3項　1項に規定する事業修習生は，訓練に関連する勤務から取得する年間1万ドル（日本円又は韓国ウォンでの相当額を含む）を超えない場合は免税とする。

【日ベトナム租税条約（国外からの支払いのみ免税）】

日ベトナム租税条約20条	要　　約
専ら教育又は訓練を受けるため一方の締約国（日本）内に滞在する学生又は事業修習者であって，現に他方の締約国（ベトナム）の居住者であるもの又はその滞在の直前に他方の締約国（ベトナム）の居住者であったものがその生計，教育又は訓練のために受け取る給付については，当該一方の締約国（日本）の租税を免除する。ただし，当該給付が当該一方の締約国（日本）外から支払われるものである場合に限る。	専ら教育又は訓練を受けるために日本に滞在する学生，事業修習者で，現にベトナムの居住者である者，又は来日の直前にベトナムの居住者であった者が，教育又は訓練のために受け取る給付又は所得については，日本の国外から支払われたものに限って日本の租税を免除する。

One Point　出入国管理法上の留学生の就労の可否

留学生は，学校で教育を受けるために日本に在留することが認められていますので就労することはできませんが，出入国管理庁長官の許可（以下「資格外活動許可」という）がある場合には，１週に28時間以内（学校の長期休業期間は，1日に8時間以内）の就労が可能です（(出入国管理法19①二，別表第一の四，出入国管理法省令19 ⑤)

許可のない留学生が就労したり，許可時間を超えて働くのは不法就労となり，不法就労をさせたの雇用主にも罰則があります（出入国管理法73の２）。留学生が資格外活動許可を得ているかどうかは，在留カードの裏面で確認することができます。

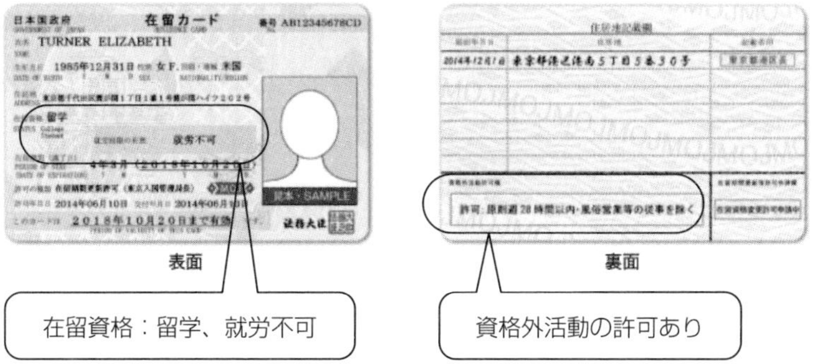

（在留カードの画像は、出入国管理庁ホームページ　トップページ＞各種手続案内＞在留管理制度に関する手続＞在留カードとは？より）

4 教授

1　教授条項の内容

租税条約では，教授又は教員に関し，国際間の学術，文化交流の見地から，その受け取る報酬について滞在地国における課税を一定の条件の下に免除される場合があります。

この規定のある条約の多くは，相手国居住者である個人又は相手国から来日して日本の居住者になっている個人で，学校(注)において教育又は研究を行うことによる報酬の課税が２年間を限度に免除されます。

この規定のない租税条約も多くあります。近年は，租税条約の締結，改正が行われていますが，その際，教授条項について，新たな締結では採用しない，改正では削除するという傾向にあります。

(注) 実特法省令７①で，学校教育法第１条に規定する学校とされています。

2　租税条約に関する届出書の提出

租税条約による租税の免除を受けるためには，「租税条約に関する届出（教授等・留学生・事業等の修習者・交付金等の受領者の報酬・交付金等に対する所得税及び復興特別所得税の免除）」［様式８］（特典条項に該当する場合は「特典条項の付表」［様式17］）と必要な添付書類を提出する必要があります。

【条約の条文例】

日伊租税条約第20条	要　　約
大学，学校その他の教育機関において教育又は研究を行うため一方の締約国（日本）を訪れ，2年を超えない期間一時的に滞在する教授又は教員で，現に他方の締約国（イタリア）の居住者であり，又は訪れる直前に他方の締約国（イタリア）の居住者であったものは，その教育又は研究に関し取得する報酬につき，当該一方の締約国（日本）において租税を免除される。	大学，学校等で，教育又は研究を行うため来日し，2年を超えない期間日本に滞在する教授又は教員で，日本に滞在中イタリアの居住者であるか，来日直前にイタリアの居住者であったものは，その教育，研究に関して取得する報酬は日本において租税を免除される。

5 自由職業者・芸能人等

1 租税条約の規定

租税条約では，自由職業者の所得を事業所得に準じて取り扱い，国内に恒久的施設があって，恒久的施設に帰せられる所得だけを源泉地国での課税対象としているものが多くあります。

この場合，適用される租税条約の条文は自由職業所得条項となり，自由職業者条項のない租税条約では，一般的に事業所得条項となります。

なお，自由職業所得を給与所得と同様短期滞在の場合に源泉地国の租税を免除している条約もあります。

一方，芸能人については，これらの規定にかかわらず，役務提供地国で課税できるものが多くありますが，一部の租税条約には，政府間の文化交流活動を免税とするものがあります。

これらの規定について租税条約の例を次に掲げますが，これらとは別の規定をしている租税条約もあります。租税条約は相手国が変われば規定も変わりますので，支払先の居住地国を確認して適用する租税条約を検討する必要があります。

【自由職業者の例示】

日本アイルランド租税条約第15条（抜粋）	要　　約
2 「自由職業」には，特に，学術上，文学上，美術上及び教育上の独立の活動並びに医師，弁護士，技術士，建築士，歯科医師及び公認会計士の独立の活動を含む。	第2項 「自由職業」には，学術，文学，美術，教育に関する独立の活動並びに医師，弁護士，技術士，建築士，歯科医師，公認会計士の活動を含む。

【自由職業者の所得に対する課税】

①　日本の恒久的施設を通じた所得のみ課税される条約例

日アイルランド租税条約第15条（抜粋）		要　　約
自由職業所得	1　一方の締約国（アイルランド）の居住者が自由職業その他これに類する独立の活動に関して取得する所得に対しては，その者が自己の活動を遂行するために通常使用することができる固定的施設を他方の締約国（日本）内に有しない限り，当該一方の締約国（アイルランド）においてのみ租税を課することができる。その者がそのような固定的施設を有する場合には，当該所得のうち当該固定的施設に帰せられる部分に対してのみ，当該他方の締約国（日本）において租税を課することができる。	第１項　アイルランドの居住者が日本で取得する自由職業者としての所得は，日本に恒久的施設を有しない場合にはアイルランドのみ課税することができる。 日本に恒久的施設を有する場合は，恒久的施設に帰属する所得に対してのみ日本で課税することができる。

②　①に短期滞在者免税の規定が加えられた条約例

日インドネシア租税条約第14条（抜粋）	要　　約
1　一方の締約国（インドネシア）の居住者が自由職業その他の独立の性格を有する活動について取得する所得に対しては，その者が自己の活動を行うため通常使用することができる固定的施設を他方の締約国（日本）内に有せず，かつその者が当該年度を通じ合計183日を超える期間当該他方の締約国（日本）内に滞在しない限り，当該一方の締約国（インドネア）においてのみ租税を課することができる。その者がそのような固定的施設を有する場合又は前記の期間当該他方の締約国（日本）内に滞在する場合には，当該所得に対しては，当該固定的施設に帰せられる部分又は前記の期間を通じ当該他方の締約国（日本）において取得した部分についてのみ，当該他方の締約国（日本）において租税を課することができる。	第１項　インドネシアの居住者が日本で取得する自由職業者としての所得については，日本に恒久的施設がなく，日本での滞在期間が年183日以内の場合にはインドネシアのみが課税できる。 日本に恒久的施設を有する場合は，その固定的施設を通じた所得に対して，日本での滞在期間が183日を超える場合はその滞在中に日本で取得した所得についてのみ日本で課税することができる。

【芸能人・運動家の所得に対する課税】

①　役務提供地国である日本で課税される条約例

日アイルランド租税条約18条	要　約
第15条及び第16条の規定にかかわらず，演劇，映画，ラジオ又はテレビジョンの俳優，音楽家その他の芸能人及び運動家がこれらの者としての個人的活動によって取得する所得に対しては，その活動が行われた締約国（日本）において租税を課することができる。	第15条（自由職業所得），第16条（給与所得（短期滞在者免税））の規定にかかわらず，俳優，音楽家，その他の芸能人及び運動家が個人的活動によって日本で取得する所得は，活動が行われた日本で課税できる。

②　①に政府間の文化交流活動に対する免税が加えられた条約例

日イスラエル租税条約17条（抜粋）		要　約
芸能人	1　第14条及び第15条の規定にかかわらず，一方の締約国（イスラエル）の居住者である個人が演劇，映画，ラジオ若しくはテレビジョンの俳優，音楽家その他の芸能人又は運動家として他方の締約国内（日本）で行う個人的活動によって取得する所得に対しては，当該他方の締約国（日本）において租税を課することができる。 もっとも，そのような活動が両国の政府間で合意された文化交流のための特別の計画に基づき一方の締約国（イスラエル）の居住者である個人により行われる場合には，当該所得については，当該他方の締約国（日本）において租税を免除する。	第１項　第14条（自由職業所得），第15条（給与所得（短期滞在者免税））の規定にかかわらず，俳優，音楽家，その他の芸能人及び運動家が日本で取得する所得は，活動が行われた日本で課税できる。 ただし，その活動が両国の政府間で合意された文化交流である場合は，日本で租税を免除する。

２　租税条約に関する届出書の提出

租税条約による租税の免除を受けるためには，「租税条約に関する届出（自由職業者・芸能人・運動家・短期滞在者の報酬・給与に対する所得税及び復興特別所得税の免除）」［様式７］（特典条項に該当する場合は「特典条項の付表」［様式17］」）と必要な添付書類を提出する必要があります。

CHAPTER 6

誤りの多い事例

誤りの多い事例 1

契約書に海外の住所が記載されている個人に対する土地等の譲渡対価

当社は新社屋建設用地を探していたところ，横浜に適当な土地が見つかり購入しました。

土地売買契約書で売主の住所がシンガポールであることに気が付きましたが，日本人の名前であったため源泉徴収の要否は検討せずに代金の全額を支払いました。

Point

1　日本人であっても非居住者に該当する場合がありますので，契約書に記載の住所が海外であった場合には非居住者かどうかの確認が必要です。

2　土地等の売主が非居住者等の場合，一定の要件に該当する場合を除き土地等の購入代金の支払いの際には源泉徴収をする必要があります。

解　説

1　国内法の検討

❶　売主が個人の場合の居住者・非居住者の判定

国内に住所を有し，又は現在まで引き続いて1年以上居所を有する個人は居住者に該当し，居住者以外の個人は非居住者に該当します（所法2①三，五）。

非居住者に対する次の❷①に該当する支払いには源泉徴収をする必要があります。契約書に記載の住所が海外の場合には非居住者に該当し源泉徴収をする必要があると考えられますので，土地の売主の住所が海外であるのに居住者に該当するような場合には，後日の税務調査等の際に説明ができるように居住者であることを確認した資料を保管しておくことをおすすめします。

❷ 非居住者等に対する土地等の購入代金の支払いに対する源泉徴収

① 源泉徴収が必要な支払い（所法161①五，所法212①）

非居住者等に対して国内にある次の土地等の譲渡対価の支払いをした時は，次の②に該当する場合を除き源泉徴収をする必要があります。

・土地又は土地の上に存する権利
・建物及びその附属設備
・構築物

② 源泉徴収の必要がない場合（所令281の３）

①の支払いであっても，次の要件の両方を満たす場合には源泉徴収をする必要がありません。

イ 譲渡対価が１億円以下であること
ロ 個人が自己又はその親族の居住の用に供するために購入した土地等の代金の支払いであること

③ 源泉徴収税率

非居住者等に対する土地等の譲渡対価の支払いに係る源泉徴収税率は，10.21％です（所法213①二，復興財確法28①②）。

2 租税条約の検討

❶ 適用する租税条約の検討

事例では売主の居住地国を確認していませんが，契約書の住所地が居住地国であれば日シンガポール租税条約が適用されます。

租税条約に国内法と異なる定めがある場合，租税条約が優先しますが，日シンガポール租税条約では多くの租税条約と同様，不動産の所在地国での課税を認めていますので，国内法の規定で源泉徴収します。

なお，日シンガポール租税条約では，第６条で不動産の使用に対する所得について規定し，第13条で不動産の譲渡に関する所得を規定しています。

	日シンガポール租税条約（抜粋）	要　約
第6条	1　一方の締約国（シンガポール）の居住者が他方の締約国（日本）内に存在する不動産から取得する所得（農業又は林業から生ずる所得を含む）に対しては，当該他方の締約国（日本）において租税を課することができる。	第1項　シンガポールの居住者が日本国内に所在する不動産から取得する所得については，日本で課税することができる。
	2　「不動産」の用語は，当該財産が存在する締約国（日本）の法令における不動産の意義を有するものとする。 （以下省略）	第2項　「不動産」については，日本の国内法の不動産の定義が使用される。 （以下省略）
	3　1の規定は，不動産の直接使用，賃貸その他のすべての形式による使用から生ずる所得について適用する。	第3項　第1項の規定は，不動産の使用，賃貸等から生ずる所得について適用する。
第13条	1　一方の締約国（シンガポール）の居住者が第6条に規定する不動産で他方の締約国（日本）内に存在するものの譲渡によって取得する収益に対しては，当該他方の締約国（日本）において租税を課税することができる。	第1項　第6条に規定する日本にある不動産をシンガポール居住者が譲渡したことによって取得する収益は，日本で課税することができる。

図表6-1｜国内にある不動産の購入代金を支払った時の源泉徴収の要否

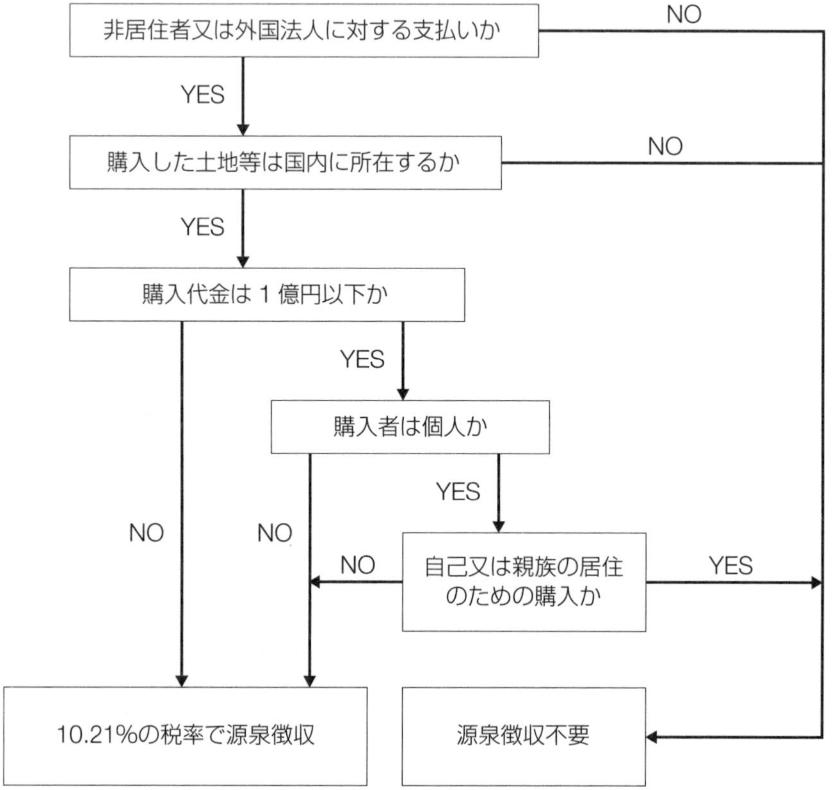

誤りの多い事例 2

インド国内で行われた人的役務提供事業の対価

当社は，新たに東京本社の販売システムを構築するにあたって，インド所在の法人A社にシステム開発の技術サポート及びコンサルタントを依頼し，コンサルタント料を支払いました。A社は日本に恒久的施設がなく，技術サポート及びコンサルタントは全てインド国内からメール，電話等により行われました。

外国法人に対する人的役務提供事業の対価の支払いですが，国内で役務提供を受けていないことから所得税法第161第１項第６号，所得税法施行令第282条第３号に規定する国内源泉所得には該当しないと判断し，源泉徴収をせずにコンサルタント料の全額をA社に支払いました。

Point

日印租税条約第12条に規定する「技術上の役務に対する料金」に該当する場合は，役務提供を行った場所が国外であっても源泉徴収が必要になります。

解　説

1　国内法の検討

科学技術，経営管理その他の分野に関する専門的知識又は特別の技能を有する者の当該知識又は技能を活用して行う役務の提供を主たる内容とする事業の対価は国内源泉所得に該当するので，非居住者等に支払いをする際には，源泉徴収をする必要があります（所法161①六，所法212①，所令282三）。

なお，人的役務提供事業の対価に対する源泉徴収税率は20.42％です（所法213一，復興財確法28①②）。

2 租税条約の検討

❶ 日印租税条約第12条の「技術上の役務に対する料金」

事例の所得については，多くの租税条約で「企業の利得」又は「産業上又は商業上の利得」(事業所得）としてとらえられ，日本国内に有する恒久的施設を通じて日本で事業を行わない限り日本では課税されないこととされています。

しかし，日印租税条約では，第12条の「技術上の役務に対する料金」に該当する所得については，事業所得として取り扱わずに，使用料と並べて規定されています。

「技術上の役務に対する料金」とは，技術者その他の人員によって提供される役務を含む経営的若しくは技術的性質の役務又はコンサルタントの役務の対価としての全ての支払金と定義されており，本事例の支払いは技術上の役務に対する料金に該当します。

そして，「技術上の役務に対する料金」は第６項で債務者主義であることが規定されていますので，日本で役務提供が行われていない場合でも支払者が日本の居住者（内国法人を含む）であれば日本で課税されます。

したがって，本事例についてはA社にコンサルタント料を支払う際に源泉徴収が必要となります。

❷ 源泉徴収税率

国内法に定められた税率は20.42％ですが，限度税率が10％と定められていますので，租税条約に関する届出書（使用料に対する所得税及び復興特別所得税の軽減・免除）［様式３］を提出した場合は，源泉徴収税率は10％となります。

3 その他の参考事項

日印租税条約が適用される場合，A社の技術的役務の提供が日本にある恒久的施設を通じて行われた時は，第７条の事業所得条項が適用になります（第

5項)。

また，支払者が雇用する者に対する支払金及び第14条に定める独立の人的役務の対価としての個人に対する支払金は除かれていますので（4項括弧書き)，第12条の対象になるのは，支払先が法人の場合に限られます。

なお，日印租税条約第12条と同趣旨の規定が置かれている条約に日パキスタン租税条約があります。

日印租税条約　第12条（抜粋）	要　　約
1　一方の締約国（日本）内において生じ，他方の締約国（インド）の居住者に支払われる使用料及び技術上の役務に対する料金に対しては，当該他方の締約国（インド）において租税を課することができる。	第１項　日本国内で生じたインドの居住者に支払われる使用料及び技術上の役務に対する料金に対しては，インドで課税できる。
2　１の使用料及び技術上の役務に対する料金に対しては，これらが生じた締約国（日本）においても，当該締約国の法令に従って租税を課することができる。その租税の額は，当該使用料又は技術上の役務に対する料金の受領者が当該使用料又は技術上の役務に対する料金の受益者である場合には，当該使用料又は技術上の役務に対する料金の額の10パーセントを超えないものとする。	第２項　第１項の使用料及び技術上の役務に対する料金に対しては，日本でも課税できる。その場合の限度税率は10%とする。
4　この条において，「技術上の役務に対する料金」とは，技術者その他の人員によって提供される役務を含む経営的若しくは技術的性質の役務又はコンサルタントの役務の対価としての全ての支払金（支払者のその雇用する者に対する支払金及び第14条に定める独立の人的役務の対価としての個人に対する支払金を除く）をいう。	第４項　この条において，「技術上の役務に対する料金」とは経営的，技術的性質の役務又はコンサルタントの役務の対価としての全ての支払金（雇用関係に基づく給与等及び自由職業者の個人に対する支払金を除く）をいう。
6　使用料及び技術上の役務に対する料金は，その支払者が一方の締約国（日本）又は当該一方の締約国（日本）の地方政府，地方公共団体若しくは居住者である場合には，当該一方の締約国（日本）内において生じたものとされる。 （以下省略）	第６項　使用料及び技術上の役務の源泉地国は，支払者の所在地国（日本）とする。 （以下省略）

誤りの多い事例 3

貸主が非居住者に変更となった不動産の賃貸料

当社は，東京のビルの一室を本社としている法人です。本社事務所は賃貸物件で内国法人がビルのオーナーでしたが，先日，このビルの譲渡により貸主が変更となった旨の通知を受けました。また，契約更新の時期だったこともあり契約書が同封されていました。

貸主が変更となった旨の通知書と契約書を確認したところ，新しいビルの所有者は中国法人A社で，ビルの貸主は変更になるものの賃借料に変更はないこと，A社は日本に恒久的施設がないため引き続き同じ不動産会社が集金を代行するので振込先に変更がないことが記載されていました。そこで，その後もこれまでと同額の賃借料を不動産会社に支払っています。

Point

1　法人が事務所として使用するために国内にある不動産を非居住者等から賃借した場合，賃借料の支払の際に20.42%の税率で源泉徴収する必要があります。

2　支払先の不動産会社は，A社のために集金を代行しているだけで，事務所の賃貸料の所得者はA社ですから，外国法人に対する国内源泉所得の支払いに該当し源泉徴収が必要になります。

解　説

1　国内法の検討

❶　源泉徴収が必要な場合

次の不動産の貸付け等の対価は，国内源泉所得に該当するので，非居住者等に支払いをする際には源泉徴収をする必要があります（所法161①七）。

イ　国内にある不動産，不動産の上に存する権利の貸付け

ロ　採石法の規定による採石権の貸付け

ハ　鉱業法の規定による租鉱権の設定

ニ　居住者又は内国法人に対する船舶又は航空機の貸付け

❷　源泉徴収税率

非居住者等に対する不動産賃貸料の対価の支払いに係る源泉徴収税率は，20.42％です（所法213①一，復興財確法28①②）。

❸　源泉徴収の必要がない場合

①　個人が自己又は親族の居住のために借りた場合

❶に記載した土地家屋等を自己又はその親族が居住するために非居住者等から借りた個人がその対価を支払う場合には源泉徴収が必要ありません（所令328二）。

事例の場合は，法人が事務所として使用するために非居住者等から借りていますので，その支払いの際に源泉徴収が必要となります。

②　源泉徴収免除制度の適用がある場合

国内に恒久的施設のある非居住者等が貸主で，源泉徴収の免除証明書の提示を受けた場合には，その免除証明書の有効期間内は源泉徴収をする必要がありません（所令180①，214①）。

2　租税条約の検討

多くの租税条約では，不動産の所在地国での課税を認めています。日中租税条約でも同様の取扱いとなっています。

また，限度税率の定めもありませんので，本事例についても国内法の規定により20.42％の税率で源泉徴収することになります。

日中租税条約第6条（抜粋）	要　　約
1　一方の締約国（中国）の居住者が他方の締約国（日本）に存在する不動産から取得する所得に対しては，当該他方の締約国（日本）において租税を課することができる。	第１項　中国の居住者が日本国内に所在する不動産から取得する所得については，日本で課税することができる。
2　「不動産」の用語は，当該財産が存在する締約国の法令における不動産の意義を有するものとする。 （以下省略）	第２項　「不動産」については，日本の国内法の不動産の定義が使用される。 （以下省略）
3　１の規定は，不動産の直接使用，賃貸その他のすべての形式による使用から生ずる所得について適用する。	第３項　第１項の規定は，不動産の使用賃貸等から生ずる所得について適用する。

誤りの多い事例 4

源泉徴収の免除証明書の更新をしなかったビルのオーナー

当社が数年前より東京で本社事務所として賃借しているビルのオーナーはドイツ法人の日本支店A社です。事務所入居時にA社から源泉徴収の免除証明書の提示を受け，賃借料支払いの際の源泉徴収は免除される旨説明を受けたので，その後は源泉徴収をしていませんでした。

先日，当社の税務調査でこの不動産賃借料の源泉徴収について質問を受けたため，A社に源泉徴収の免除証明書の再確認をしたところ，有効期限を経過していることに気付かず，その後は源泉徴収の免除証明書の交付を受けていないとのことでした。

Point

1　法人が事務所用に使用している不動産の賃借料を外国法人に支払う際には20.42%の税率で源泉徴収する必要があります。

2　外国法人の日本支店（恒久的施設）に支払う不動産賃借料（恒久的施設に帰せられるもの）について，有効な源泉徴収の免除証明書の提示を受けた場合は支払いの際に源泉徴収をする必要がありません。

解　説

1　国内法の検討

❶　源泉徴収が必要な場合

国内にある不動産等の賃貸料等は国内源泉所得に該当しますので，非居住者等に支払いをする際には，自己又はその親族が居住するために非居住者等から借りた個人がその対価を支払う場合を除き源泉徴収をする必要があります（所法161①七，212①）。

❷　源泉徴収税率

非居住者等に対する不動産賃貸料の対価の支払いの際の源泉徴収税率は，20.42％です（所法213①一，復興財確法28①②）。

❸　源泉徴収免除制度の適用

国内に恒久的施設を有する非居住者等が一定の要件を満たし，所轄税務署長に申請をして源泉徴収の免除証明書の交付を受け，その免除証明書を国内源泉所得の支払者に提示した場合は，一定の国内源泉所得についての源泉徴収が免除されます（証明書が有効期限内であり，免除対象の所得に限る）。不動産の賃借料の支払いも免除の対象になりますが（所法180①，214①），事例のように源泉徴収の免除証明書の有効期間を経過している場合は源泉徴収が必要になります。

2　租税条約の検討

日独租税条約でも多くの租税条約と同様，不動産の所在地国での課税を認めています。

また，限度税率の定めもありませんので，国内法の規定により20.42％の税率で源泉徴収することになります。

日独租税条約6条（抜粋）	要　　約
1　一方の締約国（ドイツ）の居住者が他方の締約国（日本）内に存在する不動産から取得する所得（農業又は林業から生ずる所得を含む）に対しては，当該他方の締約国（日本）において租税を課することができる。	第1項　ドイツの居住者が日本にある不動産から生ずる所得については，日本で課税することができる。
2　「不動産」とは，当該財産が存在する締約国（日本）の法令における不動産の意義を有するものとする。 （以下省略）	第2項　「不動産」の定義は日本の国内法による。 （以下省略）

3　1の規定は，不動産の直接使用，賃貸その他全ての形式による使用から生ずる所得について適用する。	第3項　第1項の規定は，賃貸等，使用から生ずる全ての所得に適用する。

図表6-2｜不動産の賃借料の源泉徴収要否判定

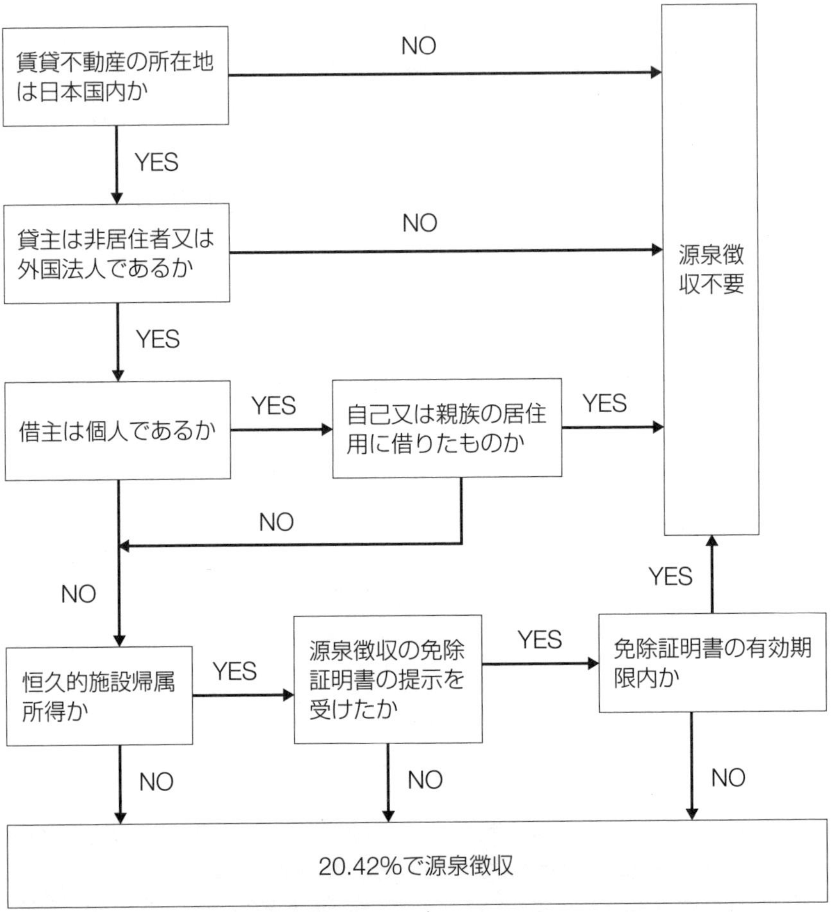

誤りの多い事例 5

支払確定日から未払いのまま１年を経過した配当金

当社は，中国法人の100％子会社です。2017年12月期の親会社への剰余金の配当の支払いを2018年２月26日に決議しましたが，資金不足のため配当の支払いを行わないまま１年以上を経過し，現在にいたっています。

なお，配当金の支払いをしていないので源泉徴収はしていません。

Point

1　非居住者等である株主に対して内国法人が支払う配当金は源泉徴収が必要です。

2　配当等は，支払いの確定した日から１年を経過した日までにその支払いがされない場合には，その１年を経過した日に支払いがあったものとみなして源泉徴収をする必要があります。

解　説

1　国内法の検討

❶　源泉徴収が必要な配当金

内国法人が支払う所得税法第24条第１項（配当所得）に規定する剰余金の配当，利益の配当，剰余金の分配，金銭の分配又は基金利息は源泉徴収が必要な国内源泉所得に該当するので，非居住者等に支払った場合には，源泉徴収が必要です（所法161①九イ，212①）。

❷　配当等の支払いがあったとみなす場合

配当等は，支払いの確定した日から１年を経過した日までにその支払いがされない場合には，その１年を経過した日においてその支払いがあったものとみなして源泉徴収する必要があります（所法181②，212④）

❸ 源泉徴収税率

非居住者等に対する配当金の支払いに係る源泉徴収税率は，20.42％です（所法213①一，復興財確法28①②）。

2 租税条約の検討

日中租税条約においても，多くの租税条約と同様，日本の内国法人が中国の居住者に支払う配当については，日本で課税できます。

なお，日中租税条約では限度税率が10％となっています。

したがって，事例のケースについては源泉徴収が必要ですが，租税条約に関する届出（配当に対する所得税及び復興特別所得税の軽減・免除）［様式１］を提出すれば，源泉徴収税率は10％になります。

日中租税条約10条（抜粋）	要　約
1　一方の締約国（日本）の居住者である法人が他方の締約国（中国）の居住者に支払う配当に対しては，当該他方の締約国（中国）において租税を課することができる。	第１条　日本の内国法人が中国の居住者に支払う配当に対しては，中国において課税できる。
2　１の配当に対しては，これを支払う法人が居住者とされる締約国（日本）においても，当該締約国（日本）の法令に従って租税を課することができる。その租税の額は，当該配当の受領者が当該配当の受益者である場合には，当該配当の額の10パーセントを超えないものとする。 （以下省略）	第２条　第１項の配当に対しては，日本においても日本の法令に従って課税できる。限度税率は10%とする。 （以下省略）
3　この条において「配当」とは，株式その他利得の分配を受ける権利（信用に係る債権を除く）から生ずる所得及びその他の持分から生ずる所得であって分配を行う法人が居住者とされる締約国（日本）の税法上株式から生ずる所得と同様に取り扱われるものをいう。	第３条　この条において「配当」とは，株式その他の利益の分配を受ける権利で，日本の税法上株式から生ずる所得と同様に取り扱われるものをいう。

誤りの多い事例 6

親会社が変更となった場合の親子間配当

当社は，英国法人が100％出資する３月決算の法人です。当社は，2018年３月の決算時にはカナダ法人A社の100％子会社だったのですが，2018年12月１日に当社の株式の全てが英国法人B社に譲渡され，英国法人B社の子会社となりました。

親会社に対しては毎期配当を支払っており，カナダ法人A社が親会社だった時には日加租税条約第10条２項aに基づき親子間配当の税率５％で源泉徴収を行っていましたが，日英租税条約では親子間配当は免税となっていますので，租税条約に関する届出書及び特典条項に関する付表を税務署に提出し，源泉徴収を行っていません。

Point

1　子会社が親会社に支払う配当（以下「親子間配当」という）は，多くの租税条約で親子間以外の配当に比べ税率が軽減されています。
2　親子間配当の規定がある租税条約では，親子間配当の要件が規定されており，要件を満たさない場合は，親子間配当の税率を適用することができません。
3　親子間配当の要件及び税率は，租税条約の相手国によって異なります。

解　説

1　国内法の検討

❶　非居住者等に対する支払いの際に源泉徴収が必要な配当金

内国法人が支払う所得税法第24条第１項（配当所得）に規定する剰余金の配当，利益の配当，剰余金の分配，金銭の分配又は基金利息は源泉徴収が必要な国内源泉所得に該当するので，非居住者等に支払った場合には源泉徴収をする必要があります（所法161①九イ，212①）。

❷ 源泉徴収税率

非居住者等に対する配当金の支払いに係る源泉徴収税率は，20.42％です（所法213①一，復興財確法28①②）。

2 租税条約の検討

❶ 租税条約での親子間配当の規定

多くの租税条約では，親子間配当に対する源泉地国での税率はその他の配当に対する税率より，軽減されています。

親子間配当の要件は租税条約の相手国によって異なります。

日加租税条約，日英租税条約での配当の区分に応じた税率は，図表6-3のとおりとなっています。

図表6-3｜日加租税条約，日英租税条約での配当金の区分に応じた税率

	日加租税条約		日英租税条約	
区分	株式保有期間及び保有割合	税率	株式保有期間及び保有割合	税率
親子間配当	6カ月以上 25%以上	5%	6カ月以上 10%以上	免税
その他の配当	－	15%	－	10%

❷ 親子間配当に該当する要件

租税条約に規定される親子間配当に該当する要件は，株式・出資の保有期間と保有割合です。これらの要件の両方を満たさない場合は，親子間配当の税率を適用できません。ただし，その他の配当として規定されている租税条約の軽減税率を適用できます。

また，親子間配当であっても，株式保有期間，株式保有割合によって，源泉地国での税率が異なる場合があります（例えば，日独租税協定では，親

子間配当の内，保有期間が６カ月保有割合10％以上の場合には５％，保有期間が18か月，保有割合が25％以上の場合については，源泉地国において免税となる)。

❸　事例での親会社B社が日本の子会社の株式を保有している期間

日英租税条約で親子間配当として免税の適用を受けるためには６カ月間子会社の株式を保有している必要がありますが，事例のケースでは，英国法人B社は，事例の日本法人の株式を保有している期間は４カ月となっています。

したがって，親子間配当の要件を満たさないので，免税にはなりません。なお，租税条約に関する届出（配当に対する所得税及び復興特別所得税の軽減・免除）［様式１］及び特典条項に関する付表を提出していますので，その他の配当として限度税率10％が適用されます。

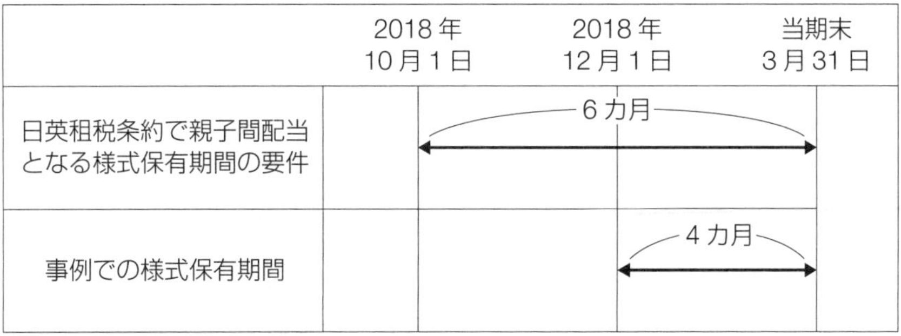

日英租税条約10条（抜粋）	要　約
1　一方の締約国（日本）の居住者である法人が他方の締約国（英国）の居住者に支払う配当に対しては，当該他方の締約国（英国）において租税を課することができる。	第１項　日本の居住者である法人が英国の居住者に支払う配当に対しては，英国において課税できる。
2　１に規定する配当に対しては，これを支払う法人が居住者とされる一方の締約国（日本）においても，当該一方の締約国（日本）の法令に従って租税を課することができる。その租税の額は，当該配当の受益者が他方の締約国の居住者である場合には，当該配当の10パーセントを超えないものとする。	第２項　第１項の配当については，日本においても日本の法令に従って課税できるが，限度税率を10%とする。
3　２の規定にかかわらず，配当に対しては，当該配当の受益者が一方の締約国（英国）の居住者であり，かつ，次の（a）又は（b）に該当する場合には，当該配当を支払う法人が居住者とされる他方の締約国（日本）においては，租税を課することができない。 (a)　当該配当の支払を受ける者が特定される日(注)をその末日とする6箇月の期間を通じ，当該配当を支払う法人の議決権のある株式の10パーセント以上に相当する株式を直接又は間接に所有する法人 (b)　年金基金又は年金計画（当該配当が，当該年金基金又は年金計画が直接又は間接に事業を遂行することにより取得されたものでない場合に限る） （以下省略）	第３項　第２項の規定にかかわらず，当該配当の受益者が英国の居住者であり，かつ次の（a）又は（b）に該当する場合には，日本においては課税できない。 (a)　当該配当の受益者がその配当を受ける者が特定される日をその末日とする６カ月の期間を通じ，その配当を支払う法人の議決権のある株式の10%以上に相当する株式を直接又は間接に所有する法人 (b)　年金基金又は年金計画

(注)「当該配当の支払を受ける者が特定される日」については，次のとおり定められています。

所得及び譲渡収益に対する租税に関する二重課税の回避及び脱税の防止のための日本国とグレートブリテン及び北アイルランド連合王国との間の条約に関する書簡の交換の告示（平成18年外務省告示第547号）（抜粋）	要　約
2　条約第10条２及び３に関し，日本国については，配当の支払いを受ける者が特定される日は，利得の分配に係る会計期間の終了の日であることが了解される。	2　日英租税条約第２条及び第３条に関して，日本については，「配当の支払いを受けるものが特定される日」とは，事業年度終了の日とする。

日加租税条約10条（抜粋）	要　約
1　一方の締約国（日本）の居住者である法人が他方の締約国（カナダ）の居住者に支払う配当に対しては，当該他方の締約国（カナダ）において租税を課することができる。	第１項　日本の居住者である法人がカナダの居住者に支払う配当に対しては，カナダにおいて課税できる。
2　１の配当に対しては，これを支払う法人が居住者とされる締約国（日本）においても，当該締約国（日本）の法令に従って租税を課することができる。その租税の額は，当該配当の受益者が他方の締約国（カナダ）の居住者である場合には，次の額を超えないものとする。 a）当該配当の受益者が，利得の配分に係る事業年度終了の日に先立つ６箇月の期間を通じ，当該配当を支払う法人の議決権のある株式の少なくとも25パーセントを所有する法人である場合には，当該配当の額の５パーセント b）その他のすべての場合には，当該配当の額の15パーセント （以下省略）	第２項　第1項の配当金については，日本においても日本の法令に従って課税できる。 なお，限度税率は次のとおりとする。 a）当該配当の受益者がその配当に係る事業年度終了の日前６カ月の期間議決権のある株式の25％以上を所有する場合は，配当の額の５％ b）その他の場合には15％ （以下省略）

誤りの多い事例 7

元本に組み入れた貸付金の利子

当社は中国法人A社の子会社です。２年前に日本での事業資金としてA社から借入れを行いました。借入期間は３年間で，利息の支払いを年２回（6月末と12月末）とする金銭消費貸借契約を締結しました。

借入金利子を外国法人に支払う時は源泉徴収が必要であることを知っていましたので，A社が作成した租税条約に関する届出書を，最初の利払日までに当社経由で当社の所轄税務署長に提出しました。

当初１年間は，利払日に利息を支払い，10%の税率で源泉徴収を行っていましたが，２年目からは利払日に利息の支払いをせずに利息相当額を元本に繰り入れました。利息を元本に繰り入れたため現実の支払いが発生しないので源泉徴収をしませんでした。

Point

利息の元本繰入れも源泉徴収が必要な支払いに該当しますので源泉徴収をする必要があります。

解　説

1　国内法の検討

❶　国内源泉所得に該当する貸付金の利子

貸付金の利子は，「国内において業務を行う者に対する貸付金で当該業務に係るものの利子」が国内源泉所得として規定されています（使用地主義）（所法161①十）。

事例のケースでは，日本で事業を行っている法人が，日本での事業のために借り入れたので，使用地は国内となります。

❷　現実の支払いはないが支払いに該当する場合

❶に該当する貸付金の利子を非居住者等に支払う際には源泉徴収が必要になりますが，源泉徴収が必要となる支払いには，現実の金銭を交付する行為のほか，事例のように元本に繰り入れ又は預金口座に振り替えるなどその支払いの債務が消滅する一切の行為が含まれます（所基通181～223共-1）。

❸　源泉徴収税率

非居住者等に対する貸付金の利子の支払いに係る源泉徴収税率は，20.42％です（所法213①一，復興財確法28①②）。

2　租税条約の検討

❶　租税条約での「利子」条項

所得税法第161条第１項に国内源泉所得として記載されている源泉徴収が必要な利子等に該当するものは，国債，社債，預貯金の利子等（８号）と業務用資金の貸付金の利子（10号）ですが，多くの租税条約ではどちらも「利子」として同じ条文に規定されています。

❷　日中租税条約での利子に関する規定

日中租税条約では第11条が利子に関する規定で，限度税率は10％となっていますので事例のケースでは租税条約に関する届出（利子に対する所得税及び復興特別所得税の軽減・免除）［様式２］を提出すれば、源泉徴収税率は10%となります。

日中租税条約第11条（抜粋）	要　旨
1　一方の締約国（日本）内において生じ，他方の締約国（中国）の居住者に支払われる利子に対しては，当該他方の締約国（中国）において租税を課することができる。	第1項　日本において生じ，中国の居住者に支払われる利子に対しては，中国において課税できる。
2　1の利子に対しては，当該利子が生じた締約国（日本）においても，当該締約国（日本）の法令に従って租税を課することができる。その租税の額は，当該利子の受領者が当該利子の受益者である場合には，当該利子の額の10パーセントを超えないものとする。	第2項　第1項の利子に対しては，日本においても日本の法令に従って課税できる。その場合の限度税率は10%とする。
4　この条において，「利子」とは，全ての種類の信用に係る債権（担保の有無及び債務者の利得の分配を受ける権利の有無を問わない。）から生じた所得，特に，公債，債券又は社債から生じた所得（公債，債券又は社債の割増金及び賞金を含む）をいう。 （以下省略）	第4項　この条において「利子」とは，全ての信用にかかる債券から生じた所得，及び日本の税法で貸付金から生じた所得と同様に扱われるものをいう。 （以下省略）
6　利子は，その支払者が一方の締約国（日本）の政府，当該一方の締約国の地方公共団体又は当該一方の締約国の居住者である場合には，当該一方の締約国（日本）内において生じたものとされる。 （以下省略）	第6項　利子は，その支払者が日本国政府，日本の地方公共団体，日本の居住者である場合は，日本の国内源泉所得となる（債務者主義）。 （以下省略）

誤りの多い事例 8

未収金と相殺した貸付金の利子

当社は，数カ国に海外拠点を有する内国法人です。昨年，余剰資金があった韓国のグループ会社A社から日本の本社での事業資金として使用するために借入れを行いました。借入期間は3年間で，利息の支払いを年2回（6月末と12月末）とする金銭消費貸借契約を締結しました。当社はA社に対する支払利息を上回る未収金が毎月発生していますので，支払利息を相殺した後の未収金を受け取っています。

借入金利子を外国法人に支払う時は源泉徴収が必要であることを知っていましたが，利息の送金等現実の支払いがないことから源泉徴収はしていません。

Point

支払者が非居住者等に対して有する債権と支払利息等の国内源泉所得に係る債務を相殺した場合でも源泉徴収は必要です。

解　説

1　国内法の検討

❶　国内源泉所得に該当する貸付金の利子

貸付金の利子は，「国内において業務を行う者に対する貸付金で当該業務に係るものの利子」が国内源泉所得として規定されています（使用地主義）（所法161①十）。

事例のケースでは，日本で事業を行っている法人が，日本での事業のために借り入れたので，使用地は国内となります。

❷　現実の支払いがなくても支払いに該当する場合

❶に該当する貸付金利子を非居住者等に支払う際には源泉徴収が必要に

なりますが，誤りの多い事例７のとおり，源泉徴収が必要となる支払いには，現実の金銭を交付する行為のほか，元本に繰り入れ又は預金口座に振り替えるなどその支払いの債務が消滅する一切の行為が含まれます（所基通181～223共-1）。

2 租税条約の検討

日韓租税条約では，第11条が利子に関する規定で，債務者主義を採用していて，事例のケースでは内国法人が支払っていますので源泉徴収をする必要があります。なお，限度税率は10%となっていますので国内法に定められた税率は20.42%ですが，租税条約に関する届出（利子に対する所得税及び復興特別所得税の軽減・免除）［様式２］を提出すれば，源泉徴収税率は10%となります。

日韓租税条約第11条（抜粋）	説　明
1　一方の締約国（日本）内において生じ，他方の締約国（韓国）の居住者に支払われる利子に対しては，当該他方の締約国（韓国）において租税を課することができる。	第１項　日本において生じ，韓国の居住者に支払われる利子に対しては，韓国において課税できる。
2　１の利子に対しては，当該利子が生じた締約国（日本）においても，当該締約国（日本）の法令に従って租税を課することができる。その租税の額は，当該利子の受益者が他方の締約国（韓国）の居住者である場合には，当該利子の額の10パーセントを超えないものとする。	第２項　１の利子に対しては，日本においても日本の法令に従って課税できる。その場合の限度税率は10%とする。
5　この条において，「利子」とはすべての種類の信用に係る債権（担保の有無及び債務者の利得の分配を受ける権利の有無を問わない）から生じた所得，特に公債，債券又は社債から生じた所得（公債，債券又は社債の割増金及び賞金を含む）をいう。	第５項　この条において，「利子」とはすべての信用に係る債権から生じた所得をいう。
7　利子は，その支払者が一方の締約国（日本）又は一方の締約国（日本）の地方公共団体若しくは居住者である場合には，当該一方の締約国（日本）内において生じたものとされる。 （以下省略）	第７項　利子は，その支払者が日本国，日本の地方公共団体，日本の居住者である場合は，日本の国内源泉所得となる（債務者主義）。 （以下省略）

誤りの多い事例 9

商標権侵害訴訟の和解金

当社がイタリアで販売している製品について，イタリア法人A社の商標権を侵害していたために訴訟が提起されましたが，先日，和解となり国内の本社から和解金を支払いました。和解金は，当社のイタリアでの販売数量とA社の利益額から算定しています。

外国法人に対する和解金の支払いは，所得税法第161条第１項の国外源泉所得に該当するものがないので，源泉徴収は不要と判断しました。

なお，A社は日本に恒久的施設はありません。

Point

損害賠償金，和解金等であっても，所得税法第161条第１項に規定する対価の支払いとして源泉徴収が必要な場合があります。

解　説

1　国内法の検討

❶　非居住者等に支払う商標権の使用料の源泉徴収

国内において業務を行う者がその業務にかかる商標権の使用料を非居住者等に対して支払ったときは源泉徴収が必要になります（所法161①十一イ，所法212①，所基通161-34）。

❷　国内源泉所得となる損害賠償金等

所得税法法第161条第１項第４号から第16号までに掲げる対価，使用料，給与，報酬等（以下「対価等」という）には，当該対価等として支払われるものばかりでなく，当該対価等に代わる性質を有する損害賠償金その他これに類するものも含まれます。

「その他これに類するもの」には，和解金，解決金のほか，対価等の支払いが遅延したことに基づき支払われる遅延利息とされる金員で，当該対価等に代わる性質を有するものが含まれます（所基通161-46)。

❸　所得源泉地

事例の和解金の対象である商標権はイタリアで使用されていますので，使用地は国外のため所得税法第161条第１項第11号に規定する使用料に該当しませんが，支払者が内国法人ですから，債務者主義が採用されている条約では所得源泉地が日本に置き換えられ源泉徴収が必要になります。

2　租税条約の適用

日伊租税条約では，商標権は使用料に該当し，債務者主義が採用されていますので，事例の和解金支払いの際には源泉徴収が必要です。

なお，国内法に定められた税率は20.42％ですが，限度税率が10％と定められていますので，租税条約に関する届出（使用料に対する所得税及び復興特別所得税の軽減・免除）［様式３］提出した場合は，源泉徴収税率は10％となります。

日伊租税条約第12条（抜粋）	要　約
1　一方の締約国（日本）内で生じ他方の締約国（イタリア）の居住者に支払われる使用料に対しては，当該他方の締約国（イタリア）において租税を課することができる。	第1項　日本で生じイタリアの居住者に支払われる使用料に対しては，イタリアで課税できる。
2　1の使用料に対しては，当該使用料が生じた締約国（日本）において，その締約国（日本）の法令に従つて租税を課することができる。その租税の額は，当該使用料の金額の10パーセントを超えないものとする。	第2項　第1項の使用料に対しては日本においても課税できる。限度税率は10%とする。
3　この条において「使用料」とは，文学上，美術上若しくは学術上の著作物（映画フィルムを含む）の著作権，特許権，商標権，意匠若しくは模型，図面，秘密方式若しくは秘密工程の使用若しくは使用の権利の対価として，産業上，商業上若しくは学術上の設備の使用若しくは使用の権利の対価として，又は産業上，商業上若しくは学術上の経験に関する情報の対価として受け取るすべての種類の支払金をいう。	第3項　この条において「使用料」とは，次の対価として受け取る全ての種類の支払金をいう。 1　著作権，特許権，商標権，意匠，模型，図面等の使用若しくは使用権利の対価 2　産業上，商業上，学術上の設備の使用若しくは使用の権利の対価 3　産業上，商業上，学術上の経験に関する情報の対価
4　使用料は，その支払者が一方の締約国（日本）又はその地方政府，地方公共団体若しくは居住者である場合には，その締約国（日本）内で生じたものとされる。 （以下省略）	第4項　使用料は，その支払者が日本の居住者等である場合は，日本が源泉地国となる（債務者主義）。 （以下省略）

誤りの多い事例 10

複製して販売するコンピュータープログラムの著作物

当社は，電子機器等を輸入販売している内国法人です。この度，米国法人A社が著作権を持つコンピュータープログラムを当社で複製して販売する契約を締結し，A社に対して複製件数に応じた対価を支払うことになりました。

なお，A社は日本に恒久的施設がありません。

コンピュータープログラムは，これまでも当社が輸入販売していた電子機器製品にも組み込まれていましたが源泉徴収をしていませんでしたので，コンピュータープログラムを複製販売することもこれまでとなんら変わることがないと考え源泉徴収をしていません。

Point

コンピュータープログラムの複製販売に対する対価の支払いは著作権の使用料に該当し源泉徴収が必要です。

解　説

1　国内法の検討

外国法人に対して，国内で使用する著作権の使用料の支払いをする場合，国内源泉所得に該当し源泉徴収が必要になります（所法161①十一ロ，212①）。

著作権の使用料とは，著作物の複製，上演，演奏，放送，展示，上映，翻訳，編曲，脚色，映画化その他著作物の利用又は出版権の設定につき支払いを受ける対価の一切をいい，著作物とは，著作権法第２条第１項第１号（定義）に規定する著作物をいいます（所基通161−35）。

著作権法第２条第１項第１号では，著作物とは「思想又は感情を創作的に表現したものであつて，文芸，学術，美術又は音楽の範囲に属するものをいう。」と定義されていて，著作権法第10条（著作物の例示）第１項９号にプログラムの著作物が掲げられています。したがって，事例のケースは著作権の使用料に該当し源泉徴収が必要です。ただし，著作権の使用料に該当するか否かについては判断が難しい場合も多くあり，契約書等の内容を検討して判断する必要があります。

一方，完成品である電子機器製品の輸入販売については，その電子機器にコンピュータープログラムが組み込まれていても，著作権の使用料ではなく製品の仕入れに該当しますので，源泉徴収の必要はありません。

2 租税条約の検討

日米租税条約では，著作権の使用料は源泉地国で免税となっています。

日米租税条約は全ての所得が特典条項となっていますので，租税条約の特典を受けるためには，特典を受けられる居住者に該当する必要があります。

租税条約の特典を受けるためには,「租税条約に関する届出書」の他に「特典条項に関する付表」及び「居住者証明書」を提出する必要があります。

なお，居住者証明書は，特典条項に添付せず，支払者への提示でもよいのですが，その場合には，支払者は，租税条約に関する届出書の「その他参考となるべき事項」の欄に

① 確認をした旨（例：届出者から提示のあった居住者証明書により，届出書に記載された氏名又は名称その他の事項について確認しました。）

② 確認者の氏名（所属）

③ 居住者証明書の提示を受けた日及び

④ 居住者証明書の作成年月日

をそれぞれ記載するとともに，提示を受けた居住者証明書の写しを作成し，提示を受けた日から５年間その国内にある事務所等に保存する必要があります（「特典条項に関する付表」注意事項５より）（実特法省令９の10①②）。

	日米租税条約（抜粋）	要　約
第12条	1　一方の締約国（日本）内において生じ，他方の締約国（米国）の居住者が受益者である使用料に対しては，当該他方の締約国（米国）においてのみ租税を課することができる。	第1項　日本が所得源泉地で，受益者が米国の居住者である使用料は，米国でのみ課税をすることができる。 （源泉地国（日本）免税）
	2　この条において，「使用料」とは，文学上，芸術上若しくは学術上の著作物（映画フィルム及びラジオ放送用又はテレビジョン放送用のフィルム又はテープを含む）の著作権，特許権，商標権，意匠，模型，図面，秘密方式若しくは秘密工程の使用若しくは使用の権利の対価として，又は産業上，商業上若しくは学術上の経験に関する情報の対価として受領される全ての種類の支払金等をいう。	第2項　この条において使用料とは，次に掲げる対価として受領される全ての支払金をいう。 ・　文学上，芸術上若しくは学術上の著作物の著作権，特許権，商標権，意匠，模型，図面，秘密方式若しくは秘密工程の使用若しくは使用の権利 ・　産業上，商業上若しくは学術上の経験に関する情報
第22条	1　一方の締約国（米国）の居住者で他方の締約国（日本）において所得を取得するものは，この条約の特典を受けるために別に定める要件を満たし，かつ，次の（a）から（f）までに掲げる者のいずれかに該当する場合に限り，各課税年度において，この条約の特典（この条約の他の条の規定により締約国の居住者に対して認められる特典に限る。以下この条において同じ）を受ける権利を有する。ただし，この条約の特典を受けることに関し，この条に別段の定めがある場合は，この限りでない。 （以下省略）	第1項　米国の居住者で日本において所得を取得するものがこの条約の特典（税の減免等）を受けるためには，条約の特典を定める各条項の要件を満たす他，次の（a）から（f）の要件に該当する必要がある。 （以下省略）

誤りの多い事例 11

米国LLCに支払った使用料

当社は，米国LLCから同社が権利を有する特許を日本の工場で使用するために特許権の使用許諾を受け，ライセンス料を支払うこととなりました。

このライセンス料は源泉徴収が必要な使用料に該当しますので，日米租税条約の免税の特典を受けるために，米国LLCが作成した「租税条約に関する届出書」，「特典条項に関する付表）［様式17］及び「米国LLCの居住者証明書」を初回のライセンス料支払いの前に所轄税務署長に提出して，源泉徴収をしませんでした。

Point

1　米国LLCは，日本では外国法人に該当しますが，米国では，米国LLCが課税主体となるか，各構成員が課税主体となるかを選択することができます。
2　租税条約の特典を享受できる者は，米国LLCが課税主体となる場合は米国LLC，構成員課税を選択している場合は，米国居住者である構成員となります。
3　米国LLCに対する支払いについては，米国LLCの課税方法によって租税条約の適用範囲及び提出書類が異なります。

解　説

1　国内法の適用

日本の税法上，米国LLCは外国法人として取り扱われます。

外国法人に対して，国内で使用する特許権の使用料の支払いをする場合，国内源泉所得に該当し源泉徴収が必要になります（所法161①十一イ，所法

212①)。

2　租税条約の適用

日米租税条約では，特許権の使用料について源泉地国では免税としています。

ただし，米国LLCは，団体課税を受けるか構成員課税を受けるかを選択することが可能で，団体課税を受けることとした場合は，日本の課税の取扱いと同じですが，構成員課税を受けている場合は，米国居住者である構成員が取得する部分についてのみ租税条約による免税の適用ができます。

3　提出書類

米国LLCが取得する所得について租税条約の適用を受ける場合，米国LLCが選択した課税の方法に応じて，図表6-4のとおり書類の提出が必要になります。

したがって，米国LLCに対して源泉徴収が必要な国内源泉所得支払った場合には，米国LLCの米国での課税方法を確認する必要があります。

図表6-4｜米国LLCが租税条約の適用を受けるために必要な提出書類

<table>
<tr><th rowspan="2" colspan="2">区分</th><th colspan="2">米国LLCの課税方法</th></tr>
<tr><th>団体課税</th><th>構成員課税</th></tr>
<tr><td colspan="2">租税条約の適用を受ける者</td><td>米国LLC</td><td>米国居住者である構成員</td></tr>
<tr><td colspan="2">租税条約の適用ができる所得の範囲</td><td>米国LLCの所得となる金額</td><td>米国居住者である構成員の所得部分</td></tr>
<tr><td rowspan="6">租税条約の適用にあたって提出が必要な書類</td><td>租税条約に関する届出書</td><td>米国LLC分</td><td>米国LLCの分を提出し，裏面６欄
①　租税条約の適用を受ける者の氏名又は名称
②　間接保有
③　持分の割合
④　租税条約の適用を受ける割合
を記入</td></tr>
<tr><td>使用料の支払いを受ける外国法人が相手国においてその株主等が課税を受けていることを明らかにする書類</td><td rowspan="3">不要</td><td>構成員課税であることが確認できる書類</td></tr>
<tr><td>「外国法人の株主等の名簿」［様式16］</td><td>全構成員が対象</td></tr>
<tr><td>租税条約の適用を受けることができる構成員が米国LLCの構成員であることを明らかにする書類</td><td>特典を受ける構成員が対象</td></tr>
<tr><td>特典条項に関する付表</td><td rowspan="2">米国LLC分</td><td>特典を受ける各構成員の分</td></tr>
<tr><td>相手国の権限ある当局の発行した居住者証明書</td><td>特典を受ける各構成員の分</td></tr>
</table>

日米租税条約第4条（抜粋）	要　旨
6　この条約の適用上， (a)　一方の締約国（日本）において取得される所得であって， （ⅰ）　他方の締約国（米国）において組織された団体を通じて取得され， かつ， （ⅱ）　当該他方の締約国（米国）の租税に関する法令に基づき当該団体の受益者，構成員又は参加者の所得として取り扱われるもの に対しては，当該一方の締約国（日本）の租税に関する法令に基づき当該受益者構成員又は参加者の所得として取り扱われるか否かにかかわらず，当該他方の締約国（米国）の居住者である当該受益者，構成員又は参加者（この条約に別に定める要件を満たすものに限る）の所得として取り扱われる部分についてのみ，この条約の特典（当該受益者，構成員又は参加者が直接に取得したものとした場合に認められる特典に限る）が与えられる。	第６項（a）　日本で取得する所得で，米国で組織された団体を通じて取得され，米国の法令に基づいて構成員課税されるものについては，日本での課税の取扱いにかかわらず，米国の居住者である構成員の所得の部分についてのみ条約の特典が与えられる（この条約に別に定める要件を満たすものに限る）。

誤りの多い事例 12

海外駐在員事務所で使用する設備の使用料

当社は，ベトナムでの事業展開にあたって情報収集のために駐在員事務所を開設し，駐在員事務所で使用するパソコン，コピー等の事務機器のリースをしました。このリース料について所得税法第161条第１項第11号ハに規定する設備の使用料に該当するかとも考えましたが，ベトナムの駐在員事務所からベトナムのリース会社に支払う事務機器の使用料なので，国外での使用であること及び国外払いであることから，国内源泉所得に該当しないと判断して源泉徴収はしていません。

Point

1　源泉徴収が必要な国内源泉所得を海外の駐在員事務所で支払った場合，みなし国内払いに該当します。
2　設備の使用地が国外であっても，適用する租税条約が債務者主義の場合には所得源泉地が置き換えられます。
3　設備の使用料の取扱いは，租税条約によって異なります。

解　説

1　国内法の検討

❶　非居住者等に対する使用料の支払いの源泉徴収

国内において業務を行う者から受ける次に掲げる使用料又は対価で当該業務に係るものは国内源泉所得に該当するので非居住者等に対し，日本において支払った場合には源泉徴収が必要になります（所法161①十一ハ，212①，所令284）。

①　機械，装置
②　車両及び運搬具，工具並びに器具及び備品

事例のケースでは，器具備品に該当するパソコン，コピー機等の使用料を支払っています。

❷　みなし国内払いの適用

国内源泉所得の支払いが国外において行われる場合に，その支払者が国内に事務所，その他これらに準ずるものを有するときは，その者が当該国内源泉所得を国内において支払うものとみなして源泉徴収をする必要があります。この場合の納期限は国内源泉所得を支払った日の翌月末日となります（所法212②）。

事例のケースでは，国外にあるベトナムの駐在員事務所からリース料を支払っていますが，日本に本社があるので国内において支払うものとみなされます。

2　租税条約の検討

❶　国内源泉所得としての設備の使用料

日ベトナム租税条約では，産業上，商業上若しくは学術上の設備の使用若しくは使用の権利の対価が使用料に含まれることが定められています（日ベトナム租税条約12③）。

❷　債務者主義の規定

使用料の支払者が日本の居住者である場合には，日本の国内源泉所得になること（債務者主義）が規定されていますので，所得源泉地の置き換えが行われます。

❸　限度税率

国内法及び租税条約を検討した結果，源泉徴収が必要になります。

国内法に定められた税率は20.42％ですが，限度税率が10％と定められていますので，租税条約に関する届出（使用料に対する所得税及び復興特別所得税の軽減・免除）［様式３］を提出すれば，源泉徴収税率は10％となります。

日ベトナム租税条約第12条（抜粋）	要　約
1　一方の締約国（日本）において生じ，他方の締約国（ベトナム）の居住者に支払われる使用料に対しては，当該他方の締約国（ベトナム）において租税を課することができる。	第1項　日本において生じ，ベトナムに支払われる使用料に対しては，ベトナムにおいて課税できる。
2　1の使用料に対しては，当該使用料が生じた締約国（日本）においても，当該締約国（日本）の法令に従って租税を課することができる。その租税の額は，当該使用料の受領者が当該使用料の受益者である場合には，当該使用料の額の10パーセントを超えないものとする。	第2項　第1項の使用料に対しては，日本においても日本の法令に従って租税を課すことができる。その場合の限度税率は10%とする。
3　この条において，「使用料」とは，文学上，芸術上若しくは学術上の著作物（ソフトウェア，映画フィルム及びラジオ放送用又はテレビジョン放送用のフィルム又はテープを含む）の著作権，特許権，商標権，意匠，模型，図面，秘密方式若しくは秘密工程の使用若しくは使用の権利の対価として，産業上，商業上若しくは学術上の設備の使用若しくは使用の権利の対価として，又は産業上，商業上若しくは学術上の経験に関する情報の対価として受領するすべての種類の支払金をいう。	第3項　第3項では使用料の定義が掲げられていますが，条文中の「産業上，商業上若しくは学術上の設備の使用若しくは使用の権利の対価」に事務機器のリースが含まれます。
4　使用料は，その支払者が一方の締約国（日本）又は一方の締約国（日本）の地方公共団体若しくは居住者である場合には，当該一方の締約国（日本）内において生じたものとされる。 （以下略）	第4項　使用料は，その支払者が日本の居住者等である場合は，日本の国内源泉所得となる（債務者主義）。

3　租税条約での設備の使用料に関する取扱い

日ベトナム租税条約では，設備の使用料は第12条に規定されていますが，租税条約によって課税関係は異なります。

国税庁ホームページ（ホーム＜法令等＜質疑応答事例＜源泉所得税＜絵画等の賃貸料）で設備の使用料に関する租税条約の取扱いについて次のとおり説明されています。

> 我が国の締結している租税条約における設備の使用料に関する規定ぶりは，次の3つに大別され，課税関係は次のようになります。
>
> ①　設備の使用料を使用料条項に含めていないもの（アメリカ，オーストラリア，イギリス，ノルウェー，フランス等）……事業所得条項が適用され，我が国の国内に恒久的施設がなければ免税となる。
>
> ②　設備の使用料を使用料条項に含めておらず，かつ，事業所得条項からも除外しているもの（タイ）……租税条約上特段の規定は存在しない所得（いわゆる明示なき所得）であり，日タイ租税条約においては，当該所得を所得源泉地国においても課税できることとしていること（日タイ租税条約第20条第3項）から，国内法の規定による課税関係となる。
>
> ③　設備の使用料を使用料条項に含めるもの（イタリア，インド，ヴェトナム，韓国，中華人民共和国等）……当該使用料条項に規定する軽減税率により源泉徴収を要する。

誤りの多い事例 13

中国法人が有する著作権の譲渡対価の支払い

当社は，ゲームソフトの販売を行う内国法人です。昨年，韓国法人（日本に恒久的施設なし）が著作権を有するゲームソフトの著作権の譲渡を受け，譲渡代金を支払った際に日韓租税条約を確認したところ，同条約第12条５項にソフトウェアの著作権の譲渡についても使用料の支払いと同様に取り扱うとの規定があったので，租税条約の届出書を提出し，10%の税率で源泉徴収をしました。

しかし，先日，中国法人（日本に恒久的施設なし）からゲームソフトの著作権の譲渡を受け，譲渡代金を支払ったため日中租税条約を確認したところ，同条約の第12条（使用料）には著作権の譲渡に関する規定はありませんでした。したがって，日中租税条約では，著作権の譲渡について源泉地国での課税はないと考え，源泉徴収をしませんでした。

Point

日中租税条約では，著作権の譲渡は，第13条譲渡収益に規定されています。

解　説

1　国内法の規定

国内において業務を行う者から受ける著作権の使用料又はその譲渡による対価で，その業務に係るものは国内源泉所得に該当するので，非居住者等に支払いの際には源泉徴収が必要です（所法161①十一ロ，212①）。

2　租税条約の検討

著作権の譲渡対価については，日韓租税条約では，第12条（使用料）第５

項に規定されていますが，日中租税条約では，第12条（使用料）条項ではなく，第13条（譲渡所得）に規定されています。

3　租税条約の適用

日中租税条約第13条で日本に課税が認められているものに著作権も該当しますので，事例の支払いについては源泉徴収が必要です。

なお，限度税率の定めはありませんので，国内法に定められた税率の20.42％で源泉徴収をする必要があります。

日韓租税条約第12条（抜粋）	要　　約
５　１，２及び４の規定は，文学上，芸術上若しくは学術上の著作物（ソフトウエア，映画フィルム及びラジオ放送用又はテレビジョン放送用のフィルム又はテープを含む）の著作権，特許権，商標権，意匠，模型，図画，秘密方式又は秘密工程の譲渡から生ずる収入についても，同様に適用する。 （以下省略）	第５項　１，２（使用料は居住地国，源泉地国のいずれも課税できる。），４（債務者主義とする）の規定は，著作権，特許権等の譲渡から生ずる収入についても同様に適用する。

日中租税条約第13条（抜粋）	要　　約
４　一方の締約国（中国）の居住者が１から３までに規定する財産以外の財産の譲渡によって取得する収益であって他方の締約国（日本）において生ずるものに対しては，他方の締約国（日本）においても租税を課することができる。	第４項　中国の居住者が，第１項（不動産）第２項（恒久的施設の財産），第３項（国際運輸に運用する船舶又は航空機等）以外の財産の譲渡によって生ずる収益で日本で生じたものについては，日本においても租税を課することができる。

4　租税条約における工業所有権等の譲渡益の規定

租税条約における工業所有権等の譲渡益については，国税庁発行の「源泉徴収のあらまし」で次のとおり解説されています。

工業所有権等の譲渡益（キャピタルゲイン）については，国内法では使用料と同様に取り扱われていますが，我が国の締結した租税条約では，キャピタルゲインに関する取扱いはまちまちとなっており，次のように大別することができます。

区分	条約締結国
譲渡収益を使用料と同様に取り扱う条約締結国	シンガポール，大韓民国，ベトナム等
真正（完全）な譲渡以外の譲渡対価を使用料とする条約締結国	スペイン（新条約発効前），メキシコ
工業所有権等の譲渡対価についても他の財産（動産）の譲渡対価と同様に取り扱う条約締結国	アイルランド，アメリカ，イタリア，オーストラリア，オランダ，スイス，スウェーデン，スペイン（新条約発行後），中華人民共和国等（注２）

（注）１　源泉地国課税（債務者主義・使用地主義）・居住地国課税のいずれを採っているかは租税条約の規定により異なります。

２　台湾（外国居住者等所得相互免除法による取扱い）を含みます。

なお，外国居住者等所得相互免除法では，居住地国課税（源泉地国である我が国において非課税）が採用されています（外国居住者等所得相互免除法19①）。

（出典：令和２年版「源泉徴収のあらまし」P306-307）

誤りの多い事例 14

海外勤務者の出国後に支給した給与・賞与

当社の従業員Aが２年間の予定でオーストラリア子会社に出向しました。辞令に記載された従業員Aの海外勤務開始日は2019年７月１日ですが，準備等のため６月20日に日本を出国しました。

従業員Aが出国した後に，日本での勤務に係る給与及び賞与（以下「給与等という」）を下表のとおり東京本社から支払いましたが，従業員Aは２年間の予定で海外勤務を予定しているので非居住者に該当し，非居住者に対する給与等の支払いは源泉徴収の必要がないと考えたため，給与等の支払いについては源泉徴収をしませんでした。

従業員Aの出国後に支給した給与等の明細

区分	支給対象期間	支払日	支給金額
賞与	4月1日から9月30日	12月15日	750,000円
給与	6月1日から6月30日	7月10日	300,000円

Point

1　従業員等が，海外勤務で現地での在留期間が１年以上の予定で出国した場合，出国の日の翌日から非居住者となります（辞令等に記載された海外勤務開始日から非居住者に該当するのではない）。

2　非居住者に対して支払った給与等のうち，国内勤務に係るものは，国内源泉所得として源泉徴収が必要です。

3　非居住者に支払った給与が，国内及び国外の双方にわたって行った勤務に対するものである場合には按分計算により国内源泉所得の金額を算出します。

4　給与等の計算期間が１月以下の場合（その給与等の全額が国内勤務に基因する場合を除く）は，その総額を，国内源泉所得に該当しないものとしてよいこととされています。

解　説

1　国内法の検討

❶　居住者・非居住者の判定

従業員Aは，２年間の海外勤務の予定で日本を出国していますので，非居住者に該当します（所法２①五，所令15①一，所基通3-3）。

❷　国内源泉所得に該当する給与等

非居住者である従業員に支払う給料等のうち国内勤務に基因するものは国内源泉所得に該当し源泉徴収が必要となります（所法161①十二イ，212①）。

事例のケースの賞与では，４月１日から６月20日分が国内勤務に基因するもの，６月21日から９月30日分が国外勤務に基因するものとなります。

図表6-5｜出国後に支給した給与・賞与の状況

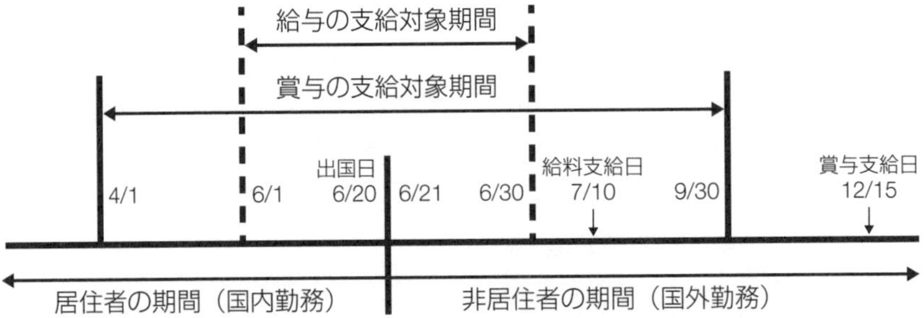

❸　国内及び国外の双方にわたって行った勤務に対する給与等の国内源泉所得金額の計算（原則）

非居住者である従業員に支払った給与等に，国内勤務に基因するものと国外勤務に基因するものの双方が含まれる場合，原則として次の算式により国内源泉所得の金額を計算します（所基通161-41）。

$$\text{国内源泉所得の金額} = \frac{\text{給与等の総額} \times \text{国内において行った勤務期間}}{\text{給与等の総額の計算の基礎となった期間}}$$

事例の賞与の例では次の計算により，331,967円が源泉徴収の必要な国内源泉所得の金額となります。

$$\text{国内源泉所得の金額（331,967円）} = \frac{\text{750,000円} \times \text{81日（4月1日～6月20日）}}{\text{183日（4月1日～9月30日）}}$$

❹　国内及び国外の双方にわたって行った勤務に対する給与等の国内源泉所得金額の計算（例外）

次の条件を満たす場合には❸の計算をすることなく，その総額を国内源泉所得に該当しないものとしてよいこととされています（所基通212-5）。

①　給与等の計算期間の中途において居住者から非居住者となった者に支払う給与であること

②　その非居住者となった日以後に支給期の到来する①の給与等の計算期間が１月以下であること

③　その給与等の全額がその者の国内において行った勤務に対応するものでないこと

事例の給与については，①から③の全てを満たします。

したがって，その総額を国内源泉所得に該当しないものとすることができますので，源泉徴収をする必要はありません。

2　租税条約の検討

❶　日豪租税条約の規定

日豪租税条約では，多くの租税条約と同様，相手国の居住者に日本国内での勤務に基因する給与を支払った場合には日本で課税ができることとされています。

❷ 源泉所得税の納付

事例の賞与については，2019年12月15日に従業員Aに支払った750,000円の内，国内源泉所得となる331,967円について，67,787円（331,967円×20.42%）を源泉徴収し翌月10日までに納付する必要があります（所法212①，所法213①一，復興財確法28①，②）。

日豪租税条約第14条（抜粋）	要　約
1　次条，第17条及び第18条の規定が適用される場合を除くほか，一方の締約国（オーストラリア）の居住者がその勤務について取得する給料，賃金その他これらに類する報酬に対しては，勤務が他方の締約国（日本）内において行われない限り，当該一方の締約国（オーストラリア）においてのみ租税を課することができる。勤務が他方の締約国内（日本）において行われる場合には，当該勤務について取得する給料，賃金その他これらに類する報酬に対しては，当該他方の締約国（日本）において租税を課することができる。	第１項　次条（役員報酬），第17条（退職年金及び保険年金），第18条（政府職員）の規定が適用される場合を除き，オーストラリアの居住者(注)がその勤務について取得する給与等に対しては，日本で勤務が行われない限り，オーストラリアだけが租税を課すことができる。日本で勤務が行われる場合には，その勤務に対する給与は日本で租税を課すことができる。

(注) オーストラリア勤務のため非居住者となった従業員Aはオーストラリア居住者です。

誤りの多い事例 15

非居住者である内国法人の役員に対して支払った国外勤務分の役員報酬

内国法人である当社の常務取締役A（以下「役員A」という）が東南アジアの中心拠点であるタイ子会社の代表取締役に２年間の任期で就任することとなり，2019年６月20日に日本を出国しました。役員Aは，引き続き当社の常務取締役として内国法人の役員も兼務しています。

役員Aに対しては，東京本社から役員報酬を支払っていますが，役員Aは日本を出国後は非居住者となり，国外での勤務に基因する報酬は国内源泉所得に該当しないので，源泉徴収をしていません。

Point

内国法人の役員として国外において行う勤務に基因する報酬は，国内源泉所得に該当します。

ただし，役員としての勤務を行うものが同時にその内国法人の使用人として常時勤務を行う場合（海外にある支店の長として常時その支店に勤務するような場合をいう）に支払う報酬は国内源泉所得となりません。

解　説

1　国内法の検討

❶　居住者・非居住者の判定

役員Aは，２年間の海外勤務の予定で出国していますので，出国の日の翌日から非居住者になります（所令15一，所基通3-3）。

❷　国内で支払う非居住者である役員に対する国外勤務分の報酬

従業員と異なり，役員は勤務地と報酬の関係が明確でない場合がある等の理由から，役員に対する報酬については，法人の所在地国で課税することとされています（❸に規定する場合を除く）。

したがって，事例のケースのように，非居住者である役員に支払った報酬は❸に該当する場合を除き国外勤務に基因するものであっても非居住者に対する国内源泉所得の支払いとして20.42％の税率で源泉徴収をする必要があります（所法161①十二，所法212①，所法213①一，復興財確法28①②）。

❸ 内国法人の使用人として常時勤務を行う場合

非居住者である内国法人の役員であっても，海外支店長などとして内国法人の使用人として常時勤務を行う場合は，非居住者の従業員の場合と同様，国外勤務に基因する報酬等は源泉徴収をする必要はありません。

ただし，海外において情報の提供，商取引の側面的援助を行っているに過ぎないときは，内国法人の従業員として常時勤務を行う場合に該当しません（所令285①一，所基通161-42）。

また，内国法人の役員が国外にある支店ではなく，その法人の子会社に常時勤務する場合には，次の要件のいずれもを満たした場合には，内国法人の使用人として常時勤務を行う場合に該当します（所基通161-43）。

① その子会社の設置が現地の特殊事情に基づくものであって，その子会社の実態が内国法人の支店，出張所と異ならないものであること

② その役員の子会社における勤務が内国法人の命令に基づくものであって，その内国法人の使用人としての勤務であると認められること

2 租税条約の検討

租税条約においても，役員については，役務提供地ではなく法人の所在地国で課税できることとしているのが一般的ですが，取扱いの異なる租税条約もありますので，適用する租税条約の条文を確認をする必要があります。

日タイ租税条約第15条	要　　約
一方の締約国（タイ）の居住者が他方の締約国（日本）の居住者である法人の役員の資格で取得する役員報酬その他これに類する支払金に対しては，当該他方の締約国（日本）において租税を課することができる。	タイの居住者が日本の内国法人の役員の資格で取得する報酬に対しては，日本において課税することができる。

誤りの多い事例 16

非居住者期間中に永年表彰の記念品として支給した商品券

当社では，勤続20年の従業員に永年勤続の表彰を行い，表彰の際に20万円の商品券を支給しています。

今年度の永年表彰者の対象者には海外勤務中の従業員Aが含まれていました。従業員Aは，初めての海外勤務で１年を経過したところです。

商品券は，所得税基本通達36-21に規定する課税しない経済的利益に該当しないので，国内勤務の従業員については給与として源泉徴収をしましたが，従業員Aは非居住者に該当するので，海外勤務中の経済的利益も国内源泉所得には該当しないと判断し源泉徴収をしませんでした。

Point

非居住者に対して源泉徴収が必要な経済的利益の供与をした場合，それが国内勤務に基因するものであれば国内源泉所得に該当し源泉徴収が必要になります。

解　説

従業員等の永年表彰にあたり，その記念として旅行，観劇等に招待し，又は記念品を支給する場合，①当該利益の額が，当該役員又は使用人の勤続期間等に照らし，社会通念上相当と認められ，②当該表彰が，概ね10年以上の勤続年数の者を対象とし，かつ，２回以上表彰を受ける者については，概ね５年以上の間隔をおいて行われるものであれば給与課税しなくてよいこととされています（所基通36-21）。

しかし，商品券を支給した場合，商品券で自由に商品と交換ができますので，その効果は金銭の支給と変わるところはありませんので給与として課税が必要になります。

商品券の支給が非居住者である従業員等に対してである場合，国内源所得に該当すれば源泉徴収が必要になります。

事例では，商品券20万円を従業員Aに対して勤続20年の永年勤続表彰の記念として交付していますので，その20年間のうち国内勤務に基因するものは国内源泉所得となります。非居住者として受賞した従業員Aは，20年間のうち，１年間が海外勤務ですから，源泉徴収が必要な国内源泉所得の金額は19万円になります（所法161①十二イ，所基通161-41）。

なお，源泉徴収税率は20.42％ですから，38,798円を源泉徴収する必要があります（所法213①一，復興財確法28①②）。

【国内源泉所得の金額の計算式】

$$\text{国内源泉所得の金額} = \text{永年表彰の商品券の金額} \times \frac{\text{国内勤務期間}}{\text{全勤務期間}}$$

【事例の国内源泉所得の金額の計算】

$$200{,}000\text{円} \times \frac{19\text{年}}{20\text{年}} = 190{,}000\text{円}$$

誤りの多い事例 17

日本で勤務している海外支店の従業員に対して海外支店から支払われる給与

当社は，この度，日本で行う新商品の企画及びマーケティングをタイ支店と共同で行うため，タイ支店に長年勤務している従業員Aを８カ月の予定で東京本店勤務としました。

従業員Aへの給料は，東京本店で支払うほか，一部をタイ支店からタイの留守宅に支払っています。従業員Aは非居住者に該当するので，東京本店から支払う給与については20.42％で源泉徴収をしていますが，タイ支店で支払っている給与については，国外払いですから源泉徴収をしていません。

Point

1　日本での在留期間が１年未満であることが明らかな場合は，非居住者に該当します。

2　非居住者に支払う日本勤務に基因する給料は国内源泉所得に該当しますので，20.42％の税率で源泉徴収をする必要があります。

3　非居住者に対する国内源泉所得の支払いは，国外の支店等が支払った場合であっても，日本に本支店や事務所等がある場合には，みなし国内払いに該当し，源泉徴収をする必要があります。

解　説

1　国内法の検討

❶　居住者・非居住者の判定

従業員Aの東京本店での勤務予定期間は，８カ月ですから，非居住者に該当します。また，日本での勤務に対する給与は国内源泉所得に該当します。

したがって，事例の給与は，非居住者に対する国内源泉所得の支払いとして源泉徴収をする必要があります（所法161①十二イ，所令14①一，所基通3-3）。

❷　みなし国内払い

非居住者に対する国内源泉所得の支払いについては，原則として国内において支払った場合に源泉徴収が必要ですが，これらの所得の支払いが国外で行われる場合には原則として源泉徴収の必要がありません。しかし，次の要件のいずれかに該当する場合は，みなし国内払いに該当しますので，源泉徴収が必要になります（所法212①，②）。

①　個人の場合は，国内に住所若しくは居所を有する場合

②　法人の場合は国内に事務所，事業所その他これらに準ずるものを有する場合

なお，みなし国内払いが適用される場合に源泉徴収した所得税の納期は，支払いをした月の翌月末日となります。

❸　源泉徴収税率

非居住者等に対する国内源泉所得に該当する給与の支払いに係る源泉徴収税率は，20.42％です（所法213①一，復興財確法28①②）。

2　租税条約の検討

日タイ租税条約では，次の要件を満たした場合に来日した非居住者が短期滞在者免税の適用を受けることができます。

①　日本での滞在期間が1年を通じて合計180日を超えない期間であること

②　報酬がタイの居住者によって負担されていること

③　報酬が日本の企業によって負担されるものでないこと

事例の場合は，日本での滞在期間が８カ月であり短期滞在者免税の要件を満たしていませんので，支払った給与に対して源泉徴収をする必要があります。

日タイ租税条約14条（抜粋）	要　約
1　次条から19条までの規定が適用される場合を除くほか，一方の締約国（タイ）の居住者が他方の締約国（日本）内において提供する人的役務（自由職業を含む）について取得する報酬又は所得（退職年金及びこれに類する報酬を除く）に対しては，当該他方の締約国（日本）において租税を課すことができる。ただし，その報酬又は所得については，次の（a）から（c）までに掲げることを条件として，当該他方の締約国（日本）において租税を免除する。 （a）　報酬又は所得の受領者が当該年を通じて合計180日を超えない期間当該他方（日本）の締約国内に滞在すること （b）　報酬又は所得が当該一方の締約国（タイ）の居住者又はこれに代わる者から支払われるものであること （c）　報酬又は所得が当該他方の締約国（日本）において租税を課される企業によって負担されるものでないこと （以下省略）	第１項　第15条から第19条の規定（役員報酬，芸能人，政府職員，教授，学生）が適用される場合を除き，タイの居住者が日本で提供する役務提供について取得する報酬に対しては，日本で課税できる。 ただし，次の（a）から（c）全ての要件を満たす場合には日本での課税を免除する。 （a）　日本での滞在期間感が暦年で180日を超えないこと （b）　報酬がタイの居住者から支払われること （c）　日本で課税される企業が報酬を負担していないこと （以下省略）

誤りの多い事例 18

非居住者であった海外勤務者の帰国後に支払う現地所得税

当社の海外勤務規定では，海外勤務者に対する給与を手取りで国内勤務時の金額を下回らないように保証しています。給与の手取額を保証しているので，現地で発生した所得税によって手取額が減少することを防ぐため，現地での所得税は当社が負担することにしています。

先日，２年間の海外勤務を終え帰国した従業員Aから，海外勤務中の現地での所得税の納税通知の提出を受けたので，内容を確認の上従業員Aの銀行口座に振り込みました。

なお，海外勤務者にかかる現地所得税の支払いの際に源泉徴収をしたことはありませんので，今回の支払いも源泉徴収はしていません。

Point

1　個人の所得税を会社が負担した場合には，経済的利益の支給に該当します。

2　経済的利益は給与に該当しますが，非居住者である従業員等に支給したもので，国外勤務にかかるものは課税されません。

3　居住者に対して給与を支払った場合，国外勤務分であっても源泉徴収が必要になります。

4　海外勤務のため非居住者であった者が帰国した場合には，帰国後に居住者に該当しますので，海外勤務中は源泉徴収が不要であった給与の支払いも源泉徴収が必要になります。

解説

従業員の税金を会社が負担した場合には，負担した金額が経済的利益となります。

従業員に対する経済的利益は給与所得として源泉徴収が必要になります。

海外勤務期間を終了し帰国後は居住者となり，全世界所得課税となります。したがって，非居住者期間には源泉徴収が不要であった国外勤務分の給与等も源泉徴収が必要になりますので，事例のケースでは，給与所得として源泉徴収をする必要があります。

図表6-6｜居住者と非居住者の課税対象所得の比較

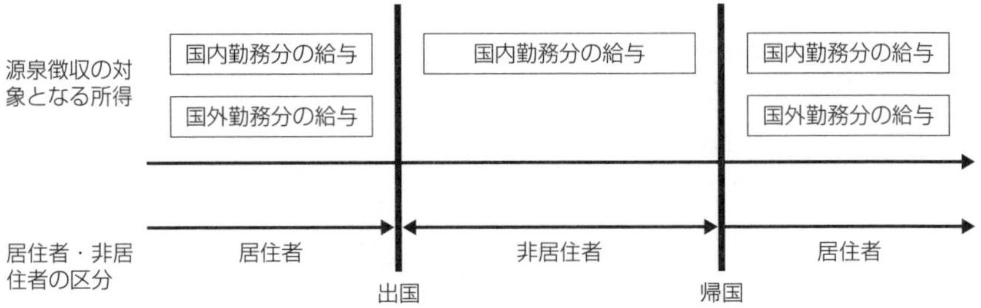

誤りの多い事例 19

短期滞在者免税の期間を超えた海外出張者の現地所得税の負担

当社は，インドネシアに支店を有する日本法人です。この度，インドネシア支店での業務拡張にあたって，当社の従業員Aが，４月１日から８月末までの５か月の予定でインドネシアに出張しました。出張期間中の従業員Aに対する給与も日本の本店から支払いました。

出張期間を５カ月としたのは，短期滞在者免税の適用を受けるためでしたが，当初の予定より現地での滞在期間が長引き，帰国したのは10月となりました。その結果，短期滞在者免税が適用される183日の滞在期間を超過したため，当社が支払っている給与所得に対してインドネシアでの納税が必要となりました。

当社では，従業員が海外勤務をしたことにより外国税額の納付が必要となった場合には，当社が負担することとしていますので，今回のケースでも当社が従業員Aにインドネシアでの納税額を支払いました。

従業員Aに対して支払ったインドネシア所得税は，従業員Aが，日本で確定申告をすれば外国税額控除により還付を受けることができます。確定申告で還付を受けられるのであれば，税金の還付の代わりに当社が従業員Ａの現地所得税を負担しても結果は同じになるので，当社が負担する現地税金は経済的利益に該当しないと考え，給与課税はしませんでした。

Point

1　居住者が外国で支払った外国税額は，その個人が，日本で確定申告することで外国税額控除ができます。

2　個人の所得税を会社が負担した場合，給与所得として源泉徴収をする必要があります。

解説

1 国内法の検討

❶ 海外出張者の居住者・非居住者の判定

事例のケースでは，１年未満の海外勤務の予定で出国し，１年未満で帰国していますので，海外出張期間中も居住者に該当します。

したがって，インドネシア勤務に基因する給料も課税対象になります（所法２①三，７①一）。

❷ 外国税額控除

居住者が国外勤務に基因する所得を得た場合，短期滞在者免税等の適用がなければ，勤務地国での課税を受けることになります。

居住者は，全ての所得が課税所得となりますので，この国外で課税を受けた所得についても日本で課税されます。

その結果，二重課税となりますので，二重課税を調整するために外国税額控除の制度があります。

外国税額控除制度は，外国で納付した外国税額を確定申告によって，その年分の所得税の額から，一定の金額を限度として差し引くことができる制度です（所法95，所令221）。

❸ 会社が負担する現地所得税

個人が負担する海外現地所得税を会社が負担した場合，事例のように，経済的利益として給与課税が必要になります。

なお，給与課税した経済的利益に対する所得税額も会社が負担する場合は，グロスアップ計算が必要になります。

2 租税条約の検討

事例のケースは，日本の居住者に対する給与の支払いですから，租税条約の適用はありません。

誤りの多い事例 20

日本支店から支払った外国本店従業員給与の短期滞在者免税

当社は英国法人の日本支店です。英国本店の従業員Aが日本での業務のため出張で来日しました。従業員Aの日本滞在期間は３カ月で，日本滞在時の給料は日本支店で支払いました。

従業員Aの滞在期間は183日に満たないため短期滞在者免税が適用できると考え，支払った給与に源泉徴収はしませんでした。

Point

日本の恒久的施設が非居住者の給与を負担する場合，短期滞在者免税の適用は受けられません。

解 説

1 国内法の検討

❶ 居住者・非居住者の判定

従業員Aは長年英国本店に勤務していますので非居住者に該当します（所法２①五）。

❷ 国内源泉所得の検討

非居住者が国内において行う勤務に基因する給与は国内源泉所得に該当します（所法161①十二イ）。

❸ 源泉徴収税率

所得税法第212条第１項に規定する国内源泉所得に該当しますので源泉徴収が必要です。その税率は20.42％です（所法212①，所法213①一，復興財確法28①②）。

2 租税条約の検討

❶ 短期滞在者免税

多くの租税条約では，滞在者免税の適用には次の３つの要件を満たす必要があります（租税条約によって規定が異なる）。

① 日本国内での滞在期間が183日を超えないこと

② 給与の支払い者が日本の居住者（内国法人を含む）でないこと

③ 給与について日本の恒久的施設が負担していないこと

❷ 事例の検討

事例のケースでは，日本支店が従業員Aの給料を支払っており，上記の要件を満たさないため短期滞在者免税は適用できませんので，20.42％の税率で源泉徴収する必要があります。

日英租税条約第14条（抜粋）	要　約
2　1の規定にかかわらず，一方の締約国（英国）の居住者が他方の締約国（日本）内において行う勤務について取得する報酬に対しては，次の(a)から(c)までに掲げる要件を満たす場合には，当該一方の締約国（英国）においてのみ租税を課することができる。 (a)　当該課税年度又は賦課年度において開始し，又は終了するいずれの12箇月の期間においても，報酬の受領者が当該他方の締約国内に滞在する期間が合計183日を超えないこと (b)　報酬が当該他方の締約国（日本）の居住者でない雇用者又はこれに代わる者から支払われるものであること (c)　報酬が雇用者の当該他方の締約国（日本）内に有する恒久的施設によって負担されるものでないこと	第２項　第１項の規定（英国の居住者が日本で役務提供をした場合は日本で課税できる）にかかわらず，次の要件を満たす場合には，日本での課税は免除される。 (a)　当該課税年度において開始又は終了するいずれの12カ月の期間においても給与を受ける英国の居住者の日本滞在期間が183日を超えないこと (b)　給与が日本の居住者（内国法人を含む）から支払われていないこと (c)　報酬が日本の恒久的施設によって負担されていないこと

誤りの多い事例 21

日本語学校に通う留学生アルバイトに対する租税条約の適用

当社は，中国から来日し日本語学校に通う学生をアルバイトとして採用しました。日中租税条約を確認したところ，中国から来た学生が，生計，教育のために受け取る所得は免税となっていましたので源泉徴収はしませんでした。

Point

1　租税条約に規定された免税の適用を受けることができる学生は，学校教育法第１条に規定する学校の学生ですから，日本語学校に通う留学生は租税条約の適用を受けることができません。

2　租税条約の適用ができない場合は，留学生が居住者か非居住者の区分に応じて所得税法の規定による源泉徴収をします。

3　外国人留学生の場合，学術の習得のために継続して１年以上居住することを通常必要とする場合は居住者とされます。

解説

1　所得税法の規定

❶　居住者・非居住者の判定

所得税法では，個人を居住者と非居住者に区分して，納税義務の範囲を定めています（所法2①三・五，5①②，7①一・三）。

居住者の判定は，住所の有無等で判定しますが，外国人留学生については，学術の習得のために継続して日本に1年以上居住することを通常必要とする場合は，日本に住所を有する者と推定され入国の時より居住者に該当します（所令14①一，所基通3-2）。

居住者に該当する場合は，「給与所得者の扶養控除等（異動）申告書」の提出を受け，月額表甲欄により源泉徴収をします。

一方，非居住者に該当する場合は，20.42％の税率で源泉徴収をします。

❷　租税条約の適用を受けることができる留学生

租税条約で規定する学生は，学校教育法第１条に規定する学校の学生に限られていますので，事例のように学校教育法第１条に規定のない日本語学校に通う留学生は租税条約の適用を受けることができません（実特法省令８①一）。

2　租税条約の規定

租税条約には，留学生が取得する所得の免除に関する規定がある条約もあります。また，免除の規定があっても，金額や年数の制限があるものもあります。

学生に関する条項は，現に相手国の居住者である者の他，来日直前に相手国の居住者であった者も租税条約が適用されます。

日中租税条約第21条	要　約
専ら教育若しくは訓練を受けるため又は特別の技術的経験を習得するため一方の締約国（日本）内に滞在する学生，事業修習者又は研修員であって，現に他方の締約国（中国）の居住者であるもの又はその滞在の直前に他方の締約国（中国）の居住者であったものがその生計，教育又は訓練のために受け取る給付又は所得については，当該一方の締約国（日本）の租税を免除する。	教育を受ける等のために日本に滞在する学生等で，中国の居住者であるもの又は来日直前に中国の居住者であったものが，その生計，教育，訓練のために受け取る給付又は所得については日本で免税とする。

誤りの多い事例 22

外国人従業員に対する経済的利益の供与

当社は，外国法人の子会社です。役員，従業員数名は外国の本社から転勤で来日している外国人です。彼らは，生活習慣や言語の違いで苦労をしているので，住宅，家具，電気製品等を無償貸与しています。外国人が円滑に業務を行うための無償貸与なので源泉徴収はしていません。

Point

外国人従業員であっても経済的利益を供与した場合は，給与課税が必要です。

解　説

■ 所得税法の検討

金銭以外の物又は権利その他経済的な利益（以下「経済的利益」という）も収入すべき金額に含まれます（所法36①）。

その利益の価額は，その金銭以外の物又は権利を取得し，又は利益を享受する時の価額となります（所法36②）。経済的利益が，給与等の支払者から従業員等に対するものである場合は，原則として給与所得として源泉徴収が必要です。

ただし，一部の経済的利益は，所定の要件を満たした場合に課税されません。

なお，居住者と非居住者の判定は別途行う必要があります。

誤りの多い事例 23

日本で採用した外国人に対し支給する休暇帰国のための旅費

当社は，東京に本社を置く貿易会社です。昨年の４月に，日本の大学を卒業した外国人Aを採用しました。

今年の８月に外国人Aから本国に帰国のための休暇の申請があったので外国人Aの功績等を考慮し，当社で帰国旅費を負担することとしました。採用から１年以上の場合は，外国人の帰国旅費を負担しても源泉徴収はしなくてもよいと理解していましたので，源泉徴収はしませんでした。

Point

1　海外からの転勤によって日本勤務となっている外国人が，休暇のための帰国の際に必要な旅行の費用を使用者が負担した時に，一定の条件を満たしている場合には給与課税しなくてよいこととされています。

2　日本で採用した外国人が，休暇のための帰国の際に必要な旅行の費用を使用者が支給した場合には，全額を給与課税する必要があります。

解　説

1　国内法の検討

❶　帰国旅費にかかる原則的な取扱い

外国人従業員等が休暇を使って帰国する旅費等を使用者が負担した場合には，負担した金額を給与課税する必要があります。

❷　通達の規定

❶の例外として，通達（以下「ホームリーブ通達」という）によって，次

に掲げる要件を全て満たした場合には，使用者が支給する帰国のために旅行に必要な支出に充てるために支給した金品については課税しなくてよいこととされています。

なお，ホームリーブ通達では，帰国旅費について課税しなくてもよいこととしている理由について，本国を離れ，気候，風土，社会慣習等の異なる国において勤務する者に休暇帰国を認めることは，その者の労働環境の特殊性に対する配慮に基づくものであるからと説明されています（「国内において勤務する外国人に対し休暇帰国のため旅費として支給する金品に対する所得税の取扱いについて」昭和50年１月16日付（直法6-1（例規)))。

①　金品の支給をした外国人が，海外で勤務をしていた外国人で，転勤により来日し，長期間引続き日本で勤務を行っている者であること

②　就業規則等に相当の勤務期間（概ね１年以上の期間）を経過するごとに休暇のための帰国を認めていること

③　②の帰国のための旅行に必要な支出（その者と生計を一にする配偶者その他の親族に係る支出を含む）に充てるものとして支給する金品であること

④　国内とその旅行の目的とする国（原則として，その者又はその者の配偶者の国籍又は市民権の属する国をいう）との往復に要する運賃で最も経済的かつ合理的と認められる通常の旅行の経路及び方法によるものであること

❸　事例の検討

ホームリーブ通達が対象としている外国人は，職務上の転勤命令で日本に勤務している者であって，外国人Ａのような自らの意志で日本に居住している外国人を日本で採用した場合には適用ができません。

したがって，外国人Ａの一時帰国にあたって負担した金額については，給与所得として源泉徴収をする必要があります。

図表6-7｜ホームリーブ費用についての源泉徴収要否判定フロー

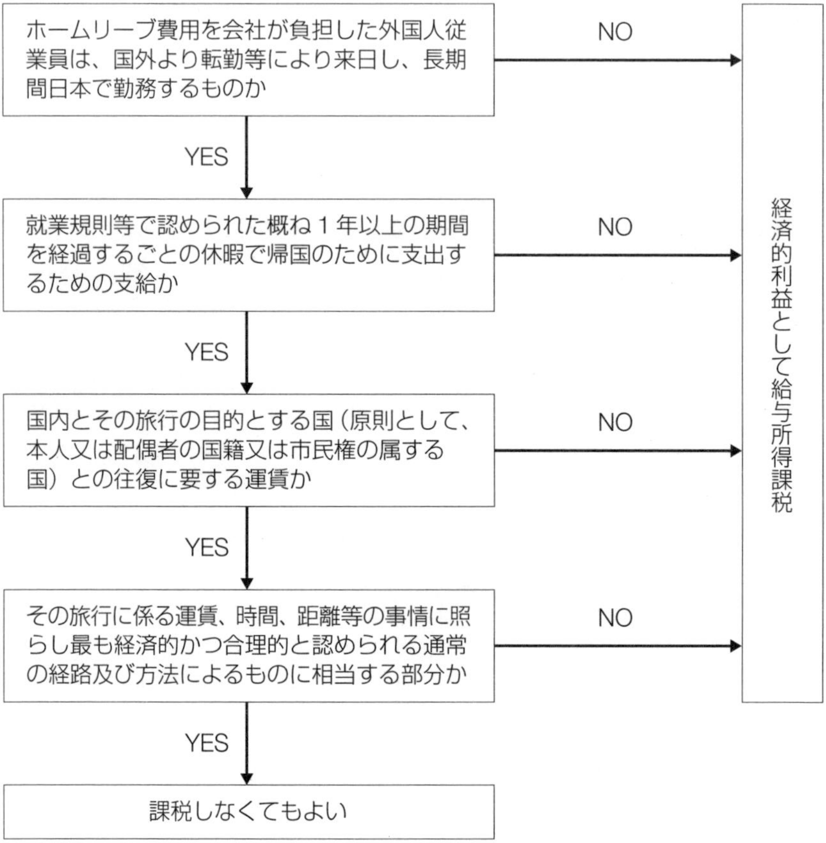

誤りの多い事例 24

国外居住親族の生活費を１名にまとめて送金している送金書類による扶養控除

当社は，居住者に該当する外国人を雇用しています。外国人であっても居住者に該当するので扶養控除等申告書の提出を受け，源泉徴収税額表（甲欄）に基づいて源泉徴収をし，年の最後の給与の支払時に年末調整を行っています。外国人従業員は国外居住扶養親族がいるため，扶養控除等申告書の提出時に親族関係書類の提出を受け，年末調整時に送金書類の提出を受けています。

そのうち１名の送金書類は，扶養親族が３名であるのに，１名に対する送金資料しかなかったため確認したところ，家族全員分をまとめて長男に毎月送金しているとのことでしたので，その送金書類の提出を受けて年末調整をしました。

Point

1　国外居住親族について扶養控除の適用を受ける場合，親族関係書類と送金関係書類の提出又は提示が必要です。

2　国外居住親族が複数いる場合には，送金関係書類は扶養控除等を適用する国外居住親族の各人ごとに必要となります。

解　説

1　居住者に該当する来日外国人の源泉徴収及び年末調整

外国人を雇用した場合，租税条約で所得税が免除される場合を除き，居住者又は非居住者の区分に応じて源泉徴収をする必要があります。

雇用した外国人従業員等が非居住者に該当する場合，給与の支払時に20.42％の税率で源泉徴収をして年末調整は行いませんが，居住者に該当する場合は，日本人従業員と同様，扶養控除等申告書の提出を受け，源泉徴収税額表（甲欄）に基づいて源泉徴収をし，年の最後の給与の支払時に年末調整を行います。

日本人と来日外国人で源泉徴収及び年末調整の方法に違いはありませんが，来日外国人の場合は，扶養親族等が国外に居住していることが多いという特徴があります。国外に居住している扶養親族は，国内に居住する扶養親族と異なり実態の確認が容易ではないという状況であったため，日本国外に居住する親族に係る扶養控除等の適用の適正化の観点から平成27年度の税制改正で，日本国外に居住する親族の扶養控除等の適用にあたっては，「親族関係書類」と「送金関係書類」を源泉徴収義務者に提示又は提出しなければならないこととされました。

2　国外居住親族に係る扶養控除等の適用に必要な書類等

居住者が，給与等の源泉徴収及び年末調整において非居住者である親族（以下「国外居住親族」という）に係る扶養控除，配偶者控除（又は配偶者特別控除），障害者控除（以下扶養控除等という）の適用を受けるには，「給与所得者の扶養控除等申告書」や「給与所得者の配偶者控除申告書」の「非居住者である親族欄」に「○」を記載するとともに，「国外居住親族が居住者の親族であることを証明するために「親族関係書類」と居住者がその年において国外居住親族の生活費又は教育費に充てるための支払いを必要の都度，各人に行ったことを明らかにするために「送金関係書類」を給与の支払者に提出する必要があります。

送金関係書類は、扶養控除等を適用する国外居住親族の各人ごとに必要ですから，事例のように，1名にまとめて送金している場合には扶養控除の適用はできません。

なお，この規定は来日外国人が国外居住親族を扶養控除の対象としている場合だけでなく，例えば，海外留学している非居住者である親族を扶養控除の対象としている場合にも適用されます。

3 令和２年度税制改正法律案について

令和元年12月20日に令和２年度税制改正大綱が閣議決定され、国外居住親族に係る扶養控除等についても次のとおり改正される予定です（令和２年税制改正の法案がこのまま成立するとすれば令和５年から適用)。

参　考｜令和２年度税制改正の内容

> 所得要件（38万円未満）が国内源泉所得のみで判定されるために、国外で一定以上の所得を稼得している国外居住親族でも扶養控除の対象にされているとの指摘を踏まえ、令和５年分以後の所得税につき、留学生や障害者、送金関係書類において38万円以上の送金等が確認できる者を除く30歳以上70歳未満の成人について、扶養控除の対象にしないこととする。

（出典：財務省ホームページ「令和２年度税制改正の大綱の概要」Ｐ２）

図表6-8｜親族関係書類（所令316の２②，所規47の２⑤一，所規73の２②）

区　分	内　容
親族関係書類に該当する書類（外国語で作成されている場合は翻訳文を含む）	①　戸籍の附表の写しその他の国又は地方公共団体が発行した書類及び旅券（パスポート）の写し ②　外国政府又は外国の地方公共団体が発行した書類（国外居住親族の氏名，生年月日，及び住所又は居所の記載のあるもの）
提示又は提出の時期	①　「給与所得者の扶養控除等申告書」提出の時 ②　「給与所得者の配偶者控除等申告書」の提出の時 注：①の時に給与等の支払者に提出又は提示している場合は②の時に提出又は提示する必要はありません。
注意事項	・旅券の写しを除き，原本の提出又は提示が必要 ・②については，１つの書類で証明できない場合は，複数の書類を組み合わせて親族関係を証明する必要がある ・16歳未満（扶養控除の対象とならない扶養親族）であっても障害者控除を受ける場合には，提出が必要

図表6-9｜送金関係書類（所令316③，所規47の２⑤二，所規73の２②）

区　分	源泉徴収の要否
送金関係書類に該当する書類	①　金融機関の書類又はその写しで，その金融機関が行う外国送金等によって居住者から国外居住親族に支払いしたことを明らかにするもの ②　クレジットカード発行会社の書類又はその写しで，国外居住者が利用したクレジットカード代金を居住者が支払っていることを明らかにするもの
提示又は提出の時期	年末調整の時
注意事項	・原本に限らずその写しでもよい ・①には国外送金依頼書の控え，②にはクレジットカードの利用明細書が該当する ・国外居住親族が複数いる場合には，送金関係書類は扶養控除等を適用する国外居住親族の各人ごとに必要 ・扶養控除等を適用する年に送金等を行った全ての書類を提出又は提示 ・16歳未満の非居住者である扶養親族（扶養控除の対象とならない扶養親族）であっても障害者控除を受ける場合には，提出又は提示が必要

誤りの多い事例 25

グロスアップ計算が必要な源泉所得税額

当社は，フランスの居住者Aが著作権を有する絵画５点を当社の商品に印刷して販売する権利を取得しました。ライセンス契約に基づき，当社からAに50万円の著作権使用料を送金しましたが，後日，源泉徴収が必要なことに気が付き徴収もれとなっている税額102,100円を納付しました。税額は租税条約に関する届出書を提出していないので，所得税及び復興特別所得税を合わせた20.42％で計算しています。この源泉所得税について，Aから返還を受けるために連絡しましたが，契約書に源泉徴収について記載されていないとの理由で，返還を受けることができませんでした。また，租税条約に関する源泉徴収税額の還付請求書と租税条約に関する届出書，特典条項の付表，居住者証明書の提出により税額が還付されることを説明し提出を依頼しましたが，これも提出できないとのことでした。

やむを得ず，源泉所得税額は当社で負担することとし，102,100円を使用料の支払いとして損金にしました。

Point

1　日仏租税条約を適用した場合，著作権の使用料の支払いは免税ですが，租税条約に関する届出書の提出がない場合には，20.42％の税率で源泉徴収をする必要があります。したがって，Aには源泉所得税控除後の397,900円を支払うのが正しい処理です。

2　源泉徴収もれとなっていた源泉徴収額を納付し，その税額を支払先から回収できない場合にはグロスアップ計算が必要になります。

解　説

■1 商標権の使用料の源泉徴収

国内において業務を行う者がその業務にかかる商標権の使用料を非居住者等に対して支払ったときは源泉徴収が必要になります（所法161①十一，所法212①，所基通161-34）。

■2 グロスアップの計算

源泉徴収税額を支払先から回収できない場合には，その回収できない源泉徴収税額を非居住者等に対する支払金額として源泉徴収が必要なため，グロスアップ計算を行います。

なお，単一税率の場合は以下の算式で計算します。

❶　グロスアップ後の支給金額の計算

計算式：支払金額÷（１－税率）＝グロスアップ後の支払金額

事例の場合：500,000円÷（１－0.2042）＝628,298円

❷　グロスアップ後の税額の計算

628,298円×20.42%＝128,298円

❸　グロスアップ後のフランス居住者Aの手取金額

628,298円－128,298円＝500,000円

■3 グロスアップ計算による源泉所得税の処理

事例のケースでの源泉所得税等の取扱いは次のようになります。

①　フランス居住者Aに対する使用料500,000円の支払い

②　①について源泉徴収が必要なことが判明し，源泉徴収税額102,100円を納付

③　フランス居住者Aに源泉徴収税額102,100円を請求

④　③について回収できないことが判明

⑤　③を請求しないこととした（源泉徴収税額相当額をフランス居住者Aに

追加払いしたこととなる）のでグロスアップ計算を行う（グロスアップ後の支払金額628,298円，同税額128,298円）

⑥　128,298円から納付済税額102,100円を控除した26,198円を納付

事例では，⑤以降の処理が行われていませんので，26,198円が源泉徴収もれとなっています。

索　引

【参考文献】

財務省ホームページ

国税庁ホームページ

外務省ホームページ（国会提出条約・法律案（条約データ検索））

文化庁ホームページ（「著作権テキスト～初めて学ぶ人のために～文化庁著作権課）

出入国在留管理庁ホームページ

厚生労働省ホームページ

「令和2年版　源泉徴収のあらまし」（国税庁）

「改正税法のすべて」（平成２年度、平成７年度、平成14年度、平成16年度、平成17年度、平成21年度、平成26年度、平成30年度）

『図解源泉所得税（令和元年版）』青木　幸弘　編（大蔵財務協会）

『DHC　コンメンタール　所得税法』武田　昌輔　監修（第一法規）

『三訂版　これならわかる　租税条約』本庄　資　監修・藤井　恵　著（清文社）

『コンメンタール　改訂日米租税条約』浅川　雅嗣　編著（大蔵財務協会）

『平成29年版　所得税基本通達逐条解説』三又　修・樫田　明・一色　広己・石川雅美　共編（大蔵財務協会）

『2018年版　詳解　国際税務』遠藤　克博・多田　雄司・幕内　浩・望月　文夫・吉川　保弘（清文社）

『非居住者・外国法人　源泉徴収の実務Q＆A（第２版）』門野　久雄　著（清文社）

『平成26年版　国際源泉の税務』富永　賢一　著（大蔵財務協会）

『事例でわかる　国際源泉課税（第２版）』牧野　好孝　著（税務研究会出版局）

【著者紹介】

舟田　浩幸（ふなだ　ひろゆき）

税理士　行政書士

昭和 62 年 4 月 東京国税局に採用される。東京国税局外国法人調査第 3 部門主査，同局調査第 4 部国際税務専門官（移転価格担当），渋谷税務署国際税務専門官（所得税担当），芝税務署国際税務専門官（源泉所得税担当）などを経て，平成 28 年 7 月退職。同年 8 月税理士登録。

令和元年 8 月行政書士登録。

国際税務の経験を活かして税理士業務を行うと共に、行政書士（東京出入国在留管理局届出済申請取次行政書士）を併業。

著者との契約により検印省略

令和 2 年 3 月20日　初版第 1 刷発行

国際源泉のしくみと税務調査のポイントがわかる本

著　者　舟　田　浩　幸
発行者　大　坪　克　行
印刷所　株式会社　技　秀　堂
製本所　牧製本印刷株式会社

発行所　東京都新宿区下落合2丁目5番13号　株式会社　税務経理協会

郵便番号　161-0033　振替　00190-2-187408　電話（03）3953-3301（編集部）
FAX（03）3565-3391　（03）3953-3325（営業部）
URL　http://www.zeikei.co.jp/
乱丁・落丁の場合はお取替えいたします。

ISBN978－4－419－06683－3　C3032